Etudes

SUR

La Législation Militaire.

Lille. — Imprimerie de VANACKERE fils.

ÉTUDES

SUR LA LÉGISLATION MILITAIRE

ET

SUR LA JURISPRUDENCE DES CONSEILS DE GUERRE ET DE RÉVISION,

AVEC

LES PRINCIPAUX ARRÊTS DE CASSATION SUR LA MATIÈRE,

suivies

DU PROJET DE LOI SUR LE CODE PÉNAL MILITAIRE,

Amendé par la Chambre des Pairs, en 1829;

Par Pierre LEGRAND, Avocat à Lille.

PARIS,

ANSELIN, Libraire, rue Dauphine, N° 36, Passage Dauphine.

LILLE,

VANACKERE fils, Imprimeur-Libraire, place du Théâtre, N° 10.

1835.

Il y a long-temps que les militaires instruits et que les jurisconsultes sont d'accord sur ce point que des réformes sont indispensables dans la législation criminelle militaire, qui n'est plus en rapport avec nos mœurs, ni même avec les besoins de l'armée ; mais ils sont loin de s'entendre aussi bien sur la nature et sur l'étendue de ces réformes.

D'une part, les hommes de loi réclament hautement des garanties dans les procédures et de la douceur dans les peines ; de l'autre, les hommes de guerre sont disposés à repousser, comme lenteurs inutiles et moyens de chicane, les formes protectrices consacrées par le droit commun, et à invoquer la nécessité de la rigueur pour le maintien de la subordination.

Les uns parlent de *liberté*, d'*égalité*, d'*humanité*, les autres, de *discipline*, de *hiérarchie*, de *sévérité* ; comment pourraient-ils s'entendre ?

Des commissions ont été instituées, composées de l'élite de nos généraux et de nos publicistes, qu'ont-elles produit ? Les journaux n'ont eu, jusqu'à présent, l'occasion de s'en occuper, que pour entretenir le public de leurs divisions sur les points capitaux de leurs travaux.

En attendant que l'on ait trouvé le secret de conciler deux ordres d'idées d'une nature si différente, l'armée souffre de la continuation du régime actuel, régime que le gouvernement s'efforce cependant d'adoucir par de nombreuses commutations de peines, heureux qu'il est de pouvoir faire un mérite à la prérogative royale, de ce qui ne devrait être que l'œuvre de la loi.

Dans cet état de choses, c'est, pour tous ceux qui s'intéressent à notre brave et intelligente armée, un devoir impérieux de rechercher les moyens d'améliorer sa législation criminelle ; ce devoir, nous avons tenté de le remplir, en livrant à l'impression les renseignemens que nous avons pu recueillir, dans l'exercice de notre profession d'avocat, devant les conseils de guerre.

Nous avons soulevé quelques questions , nous avons signalé quelques abus ; mais , dans notre travail , nous avons eu moins la prétention de décider les unes et de remédier aux autres , que d'appeler sur ces difficultés l'attention de gens plus capables que nous de les résoudre.

En un mot, démontrer la nécessité d'une prompte révision des lois militaires , par le tableau de leurs imperfections, voilà ce que nous avons voulu, et, si nous parvenons à avancer de quelques instans le jour où les chambres s'occuperont de cette révision, nous aurons atteint notre but.

ÉTUDES
SUR LA LÉGISLATION MILITAIRE,

SUIVIES

Du Projet de Loi sur le Code Pénal Militaire,

Amendé par la Chambre des Pairs, en 1829.

I.

ORGANISATION.

Avant d'examiner la Législation qui régit aujour-
d'hui l'armée, jetons un coup-d'œil rapide sur les
différentes lois, qui ont précédé la loi du 13 brumaire
an 5, et comparons les, sous le rapport des garanties
qu'elles offraient aux citoyens comme aux soldats.

Le décret de l'assemblée nationale, du 29 octobre
1790, établissait dans chaque grand arrondissement
militaire une cour martiale, composée d'un président
et de deux assesseurs. Ces assesseurs avaient le nom de
Commissaires auditeurs des guerres, et étaient chargés

de l'instruction des procès. Constitués en cour martiale, ils statuaient sur le sort des militaires, qu'un juri d'accusation avait renvoyés devant eux, et qu'un juri de jugement avait déclarés coupables.

Pour être traduit devant cette cour martiale, il fallait avoir commis un délit militaire, en contravention aux lois militaires ; les délits civils, commis en contravention aux lois générales du royaume, étaient du ressort de la justice civile, même quand ils étaient commis par des militaires.

Les citoyens, complices d'un délit militaire, étaient, il est vrai, justiciables de cette cour martiale ; mais dans ce cas, les juris d'accusation et de jugement étaient composés mi-partie de citoyens, mi-partie de militaires.

Cette garantie parut insuffisante ; et bientôt la loi du 19 octobre 1791 proclama que les juges ordinaires pourraient seuls prononcer sur le sort des citoyens, même en cas de complicité avec des militaires.

Les lois du 16 mai 1792, du 12 mai 1793, du 3 pluviose an 2, et du 2me jour complémentaire de l'an 3, apportèrent encore quelques modifications à la législation en matière militaire ; enfin le 13 brumaire an 5 fut portée la loi qui est encore aujourd'hui en vigueur, bien que sa légalité, comme nous le verrons plus tard, ait été plusieurs fois contestée.

Cette loi simplifia singulièrement, au profit de l'arbitraire, les formes de la justice militaire. Plus de juris d'accusation et de jugement ; à leur place, un conseil composé de sept juges. Ce conseil suffit quelque temps au besoin de la justice ; mais la loi du 18 vendémiaire an 6, ayant créé près de chaque conseil de guerre, un conseil de révision chargé d'annuler les jugemens entachés de vices de forme, un second conseil de guerre fut institué par la même loi, pour prononcer sur le sort des condamnés dont le jugement aurait été cassé.

On apprécia bientôt le parti que l'on pouvait tirer de la permanence de ce second conseil, pour la prompte expédition des affaires ; aussi ses attributions furent elles étendues par la loi du 27 fructidor de la même année, qui lui conféra la connaissance de toutes les affaires, concurremment avec le premier.

Chaque conseil de guerre est composé de sept membres ;

Savoir :

Un Colonel, Président.

Un Chef de bataillon, d'escadron, ou major.

Deux Capitaines.

Un Lieutenant.

Un Sous-Lieutenant.

Un Sous-Officier.

Un Capitaine, assisté d'un greffier choisi par lui, remplit les fonctions de rapporteur.

Un autre Capitaine, commissaire du roi, est chargé de veiller à l'observation des formes, et de requérir l'application de la loi.

Tous sont nommés par le Lieutenant général, commandant la division.

La composition des conseils ne varie point lorsqu'il s'agit de prononcer sur le sort des officiers jusqu'au grade de capitaine inclusivement ; mais lorsque l'accusé est officier supérieur, la loi du 4 fructidor an 5, modifie la composition des conseils de guerre, de la manière suivante :

Si l'accusé est adjudant général, chef de brigade, chef de bataillon ou d'escadron, le sous-lieutenant et le sous-officier, sont remplacés par deux officiers supérieurs du grade du prévenu; le plus ancien chef de brigade de la division préside le conseil; s'il est général de division ou de brigade, le sous-officier, le sous-lieutenant et le lieutenant, sont remplacés par trois officiers généraux du grade du prévenu; le conseil est présidé par le plus ancien officier général de l'armée.

Dans ces deux cas, les fonctions de rapporteur et de commissaire du pouvoir exécutif, sont remplies par deux chefs de bataillon ou d'escadron.

Enfin, si l'accusé est général d'armée, le conseil de guerre doit être composé d'un général, ayant commandé en chef les armées de la république, président, de trois généraux de division et de trois généraux de brigade.

Les fonctions de commissaire du pouvoir exécutif sont remplies par un commissaire ordonnateur ; le

[5]

rapporteur est choisi parmi les adjudans généraux,
et les chefs de brigade.

Les qualifications que je donne aux officiers
dont je viens de parler, sont empruntées aux lois
précitées ; si les noms ont changé, les grades cor-
respondans existent toujours dans l'armée.

La même loi du 4 fructidor an 5 , remplace les
juges inférieurs, par des officiers du corps de l'in-
tendance , alors qu'il s'agit de juger des ordonna-
teurs et des commissaires de guerres , ou, si l'on
veut, des intendans et sous-intendans militaires.

Quelque partisan que je sois de ces remplacemens
qui assurent plus de garanties à l'accusé, il me parait difficile de les concilier avec la disposition de
l'art. 6 de la loi du 13 brumaire an 5 , qui, également dans l'intérêt de l'accusé , porte qu'aucun
changement ne pourra avoir lieu, dans le personnel
du conseil, pour le jugement d'un délit, à raison
duquel le prévenu sera arrêté , ou l'information
commencé.

Nous verrons plus tard que cette disposition est
impraticable.

Comment se composerait le conseil de guerre , en
cas de délit militaire, commis par un maréchal de
France ?

Aucune loi n'ayant prévu ce cas , on avait proposé d'en faire la matière d'un article spécial , lors
de la discussion du code militaire devant la chambre
des pairs , en 1829.

Le conseil de guerre devait être composé de maréchaux. Mais cette proposition fut rejetée. Le nombre des maréchaux étant fixé à douze, il devenait impossible de composer un second conseil également composé de maréchaux, si le jugement du premier était annulé.

Le renverrait-on devant la chambre des pairs? mais cette chambre ne serait compétente, aux termes de notre droit public, que *ratione materiæ* pour juger un crime de haute trahison, que *ratione personæ* pour juger un pair de France ; or, il pourrait arriver qu'un maréchal, accusé, n'eût commis qu'un délit contre la discipline, et qu'il ne fût pas pair de France.

Les maréchaux étant grands officiers de l'état, un membre proposa de les renvoyer, en cas de délit, devant la chambre des pairs , considérée comme haute cour de justice, en remplacement de la haute cour, instituée par le senatus consulte du 28 floréal an 12, et investie, en cette qualité, du droit de prononcer sur les délits commis par les grands officiers de la couronne.

La chambre ne statua pas sur cette proposition.

Tous les juges , ainsi que le rapporteur et le commissaire du roi, sont nommés par le lieutenant général commandant la division , qui, lorsqu'il le *juge nécessaire* pour le bien du service, est encore autorisé à les changer en tout ou en partie.

On a cru dissimuler tout ce que cette latitude avait d'effrayant, en portant dans la loi de brumaire (art. 5), que ce changement ne pourrait avoir lieu pour le jugement d'un délit, à raison duquel le prévenu serait arrêté et l'information commencée; mais la nécessité et la force des choses rendront toujours vaine cette garantie plus apparente que réelle.

Il s'écoule ordinairement trois semaines, ou même un mois, depuis l'arrestation, jusqu'au jugement; qui peut répondre que, dans cet intervalle de temps, un des juges ne sera pas malade, en congé, détaché avec sa compagnie, envoyé dans une autre garnison, à l'armée enfin?...

Il devient indispensable qu'un autre le remplace, et cette nécessité d'assurer la marche de la justice, l'emporte sur le danger de l'arbitraire.

La loi de brumaire an 5, ne s'explique pas sur l'âge des juges. Faut-il conclure du silence de la loi, que le grade donne le droit de siéger, même au militaire âgé de moins de 25 ans, c'est ce que je ne saurais admettre.

L'âge est une garantie de raison et de sagesse qu'aucun grade ne peut suppléer; et si la loi de brumaire est muette sur cette condition, on peut tirer argument de l'article 19 de la loi du 29 octobre 1790 qui veut, qu'aucun militaire, de quelque grade qu'il soit, ne puisse être porté sur le tableau des jurés, *s'il n'est âgé de 25 ans accomplis*, s'il ne sait lire et écrire, et s'il n'a pas plus de deux ans de service.

Nous avons dit que tous les juges sont nommés par le général commandant la division.

Cette institution les met, à l'égard de l'autorité, dans un état de dépendance qui blesse leur dignité comme juges, et qui enlève en même temps aux accusés une puissante garantie.

Les rédacteurs du nouveau projet sur l'organisation de la justice militaire avaient senti cet inconvénient, et ils y remédiaient en fesant nommer *par le Roi* un président, choisi parmi les colonels en activité dans la division, et en prenant les juges *par ordre d'ancienneté* sur un tableau général, dressé par le chef d'état-major, des officiers et sous-officiers en activité dans la division.

La commission de la chambre des pairs fortifiait encore l'indépendance du président, en le choisissant parmi les maréchaux de camp, et en le rendant permanent, comme les auditeurs et commissaires du roi, sauf toutefois révocation.

C'était certainement une amélioration bien grande ; mais la dépendance des juges n'en subsistait pas moins, à l'égard des juges entr'eux, à raison de la hiérarchie qui domine, même sur le siège de la justice. La commission de la chambre des pairs avait également compris ce vice ; et c'était dans l'intention de rétablir une entière liberté dans les votes, qu'elle avait modifié l'organisation primitive conservée par le projet, et proposé d'éliminer du conseil, tous les grades infé- rieurs à celui de capitaine.

Sans vouloir nier que cette organisation assurerait plus d'indépendance aux juges, j'avoue que je regret- terais, pour plusieurs raisons, de voir exclure des con- seils de guerre les trois derniers juges qui en font partie depuis la loi de brumaire.

N'y a-t-il pas une foule de délits sur lesquels leurs rapports journaliers avec les soldats et leurs con- naissances plus spéciales, leur permettent d'éclairer le conseil ?

D'un autre côté, est-ce au moment où le juge- ment des accusés par leurs pairs est devenu un droit consacré par les lois ordinaires, qu'il convient d'éle- ver encore la distance qui sépare l'accusé de ses juges ?

Si des considérations particulières s'opposent à ce que le soldat soit jugé par ses pairs, qu'il puisse au moins apercevoir encore, sur le siège de la justice, l'épaulette de laine du sous-officier. C'est pour lui une consolation. Cet insigne d'un grade subalterne lui rappelle qu'il n'est pas entièrement livré à la discrétion des officiers, et qu'il y a dans le conseil, un juge qui sera d'autant plus disposé à comprendre les excuses du soldat, qu'il sera moins éloigné du temps où il l'était lui-même.

Conserver l'organisation actuelle, qui donne autant

que possible des représentans à tous les grades, et prévenir les abus qui peuvent naître de la dépendance des juges entr'eux, voilà ce qu'il faut rechercher.

On tente en ce moment d'introduire dans le sein des juris le vote secret, ne pourrait-on pas l'introduire avec plus de justice dans les conseils de guerre?

Les jurés peuvent se retirer, et délibérer sans crainte. Tous égaux entr'eux, égaux de l'accusé, quelle influence autre que celle de la raison et de l'humanité peut-on redouter pour eux, sans leur faire injure?

Il en est autrement des juges militaires, sur lesquels l'opinion d'un supérieur peut avoir une influence peu légitime. La voix du Colonel président peut entraîner celle des inférieurs ; en vain la loi attachera-t-elle le bénéfice de l'acquittement à une minorité de trois voix (art. 31 de la loi de brumaire); en vain ordonnera-t-elle que le moins élevé en grade donnera son opinion le premier (art. 30 de la même loi). Le président en conduisant les débats, les juges par les questions qu'ils adressent à l'accusé ou aux témoins, ou par les réflexions qui leur échappent, ne font-ils pas connaître leur opinion personnelle? et cette opinion n'est-elle pas un ordre, exprimée devant des inférieurs habitués à l'obéissance, et peu jaloux de contrarier leurs chefs?

[11]

Une modification dans les formes de la procédure des conseils, préviendrait cet inconvénient.

Aussitôt les débats terminés, au lieu de renvoyer l'accusé et l'auditoire, le président lirait publiquement chacune des questions comprises dans l'accusation ; et les juges, dans l'ordre fixé par la loi de brumaire, déposeraient secrétement dans une urne la boule blanche ou noire ; le président dépouillerait les votes : en cas de déclaration de culpabilité, le commissaire du roi requerrait l'application de la peine, et les juges se retireraient pour délibérer.

En cas d'absolution, le verdict serait immédiatement prononcé à l'accusé.

Ce mode de jugement, en même temps qu'il assurerait l'indépendance des juges, aurait ce double avantage qu'il permettrait à l'avocat de plaider sur l'application de la peine, ce qui lui est interdit dans l'état de la législation, et qu'il imprimerait plus de majesté à l'audience, par la prononciation publique du jugement, devant l'accusé.

Enfin, en cas de condamnation, le président pourrait prononcer la peine accessoire, telle que la dégradation d'un décoré ; et en cas d'acquittement commandé par l'indulgence, il pourrait adresser à l'accusé déclaré absous, une de ces reprimandes qui, sur un cœur non corrompu, font souvent plus d'effet qu'un châtiment infamant.

II.

COMPÉTENCE.

Je disais tout-à-l'heure que la légalité des conseils de guerre, dont je viens d'examiner la composition, avait été contestée par plusieurs jurisconsultes.

Déjà, sous l'empire, cette grave question avait été soulevée. On soutenait contre la légalité de ces conseils, qu'ils n'avaient été créés que jusqu'à *la paix ;* que dès lors, à partir du traité d'Amiens, conclu en 1802, la juridiction militaire avait cessé d'être en vigueur, et que les militaires devaient être traduits devant les tribunaux établis suivant les règles du droit commun.

A ce système, M. Merlin, dans le 17ᵉ volume du nouveau répertoire, au mot *embauchage*, répondait que la constitution de l'an 8, postérieure à la loi

créatrice des conseils de guerre, confirmait les juridictions militaires en soumettant, art. 85, les délits
militaires, à des tribunaux spéciaux et à des formes
particulières de jugement.

Plus tard, l'abolition des commissions et tribunaux extraordinaires, proclamée par l'art. 63 de la
charte, fournit encore un nouvel argument contre
l'existence légale des conseils de guerre, argument
que M. Merlin repoussait encore par ce dilemme :
« Ou la charte les a considerés comme tribunaux
ordinaires et les a conservés expressément par l'art.
59; ou bien elle les a considérés comme tribunaux
d'exception, et alors, elle les a conservés par cela
seul qu'elle ne les a pas détruits. »

Au reste, cette existence légale ne fait plus question, elle a été reconnue par des ordonnances, par
des lois, enfin par l'exécution libre et incontestée
des jugemens, jusqu'à nos jours.

En thèse générale, les conseils de guerre ne sont
compétens que *ratione personæ*.

Sont justiciables naturels des conseils de guerre,
tous les militaires, depuis le soldat jusqu'au général
d'armée.

L'art. 9 de la loi du 13 brumaire an 5, contient
une exception à ce principe en portant qu'indépendamment des militaires, seront encore traduits au
conseil de guerre, les individus attachés à l'armée
et à sa suite, les *embaucheurs*, les espions et les

habitans des pays ennemis occupés par les armées de la république , pour les délits dont la connaissance est attribuée au conseil de guerre.

Sont seuls réputés attachés à l'armée et à sa suite, dit l'art. 10 de la même loi, et comme tels justiciables du conseil de guerre :

1° Les voituriers, charretiers, muletiers et conducteurs des charrois, employés au transport de l'artillerie , bagages , vivres et fourrages de l'armée , dans les marches , camps , cantonnemens et pour l'approvisionnement des places en état de siége.

2° Les ouvriers suivant l'armée.

3° Les gardes magasins d'artillerie , ceux des vivres et fourrages , pour les distributions soit au camp , soit dans les cantonnemens , soit dans les places en état de siége.

4° Tous les préposés aux administrations , pour le service des troupes.

5° Les secrétaires, commis et écrivains des administrateurs , et ceux des états majors.

6° Les agens de la trésorerie près les armées.

7° Les commissaires de guerres.

8° Les individus chargés de l'établissement et de la levée des réquisitions , pour le service ou approvisionnement des armées , et ceux préposés à la répartition et perception des contributions militaires.

9° Les médecins , chirurgiens et infirmiers des hôpitaux militaires et ambulances , les aides ou élèves des chirurgiens desdits hôpitaux et ambulances.

10° Les vivandières , les munitionnaires et boulangers de l'armée.

11° Les domestiques au service des officiers et des employés à la suite de l'armée.

A cette nomenclature il faut joindre encore :

Les portiers des villes de guerre , qui , aux termes du décret du 24 décembre 1811 , sont membres de l'état major de la place.

[16]

Les concierges des prisons militaires. — Arrêté
du 15 nivose an 5. --

Les portiers concierges des établissemens militaires à *la charge de l'état*. -- Décret du 16 Septembre 1811. --

Les militaires en disponibilité ou en demi-solde,
mais seulement pour les délits qui peuvent concer-
ner la discipline militaire. -- Avis du conseil d'état
du 12 janvier 1811. --

Les ingénieurs-géographes.

Les militaires invalides admis à l'hôtel royal.

Les vétérans.

Les sapeurs pompiers de Paris. -- Décret du 18
Septembre 1811.

Les gendarmes, pour les délits qu'ils commettent
dans leurs relations militaires. -- Loi du 28 germinal an 6, art. 97.

Les vivandières ou blanchisseuses, commission-
nées pour la première de ces professions, par le
général commandant, et pour la seconde, par un
chef d'escadron ou de bataillon, sous le *visa* d'un
sous-intendant militaire. -- Loi du 30 avril 1793.

Les gardes nationaux mobilisés, que l'art. 161
de la loi sur la garde nationale soumet à la discipline militaire.

Enfin tout individu inscrit sur les contrôles d'un
régiment, malgré le faux ou l'erreur qui l'y aurait
fait inscrire.

La qualité de soldat est, aux termes d'un grand nombre d'arrêts de cassation, acquise à l'individu qui a été inscrit sur les registres matricules d'un régiment, à tel point que cet individu serait, pour les délits qu'il commettrait, justiciable du conseil de guerre, quand même il n'aurait pas le *droit* de servir, soit comme remplaçant, parce qu'il n'aurait pas lui-même satisfait à la loi de recrutement, soit comme volontaire, parce qu'une condamnation infamante l'aurait rendu incapable de servir. Arrêts de cassation du 17 juin 1813. -- Du 12 décembre 1817. -- Du 10 janvier 1822.

Le *fait* seul de son inscription lui confère la qualité de soldat.

Malgré cette jurisprudence, je doute fort qu'un conseil de guerre consentît à considérer comme soldat, et à punir des peines sévères des travaux publics ou du boulet, la femme, par exemple, que l'amour fraternel ou toute autre cause aurait portée à déguiser son sexe, et qui, pour désertion, aurait encouru la rigueur des lois militaires.

C'est comme conséquence de ce principe que la cour de cassation a également décidé, par arrêt du 15 novembre 1811, que l'avis du conseil d'état, approuvé par l'empereur, le 7 fructidor an 12, qui remettait aux tribunaux ordinaires la connaissance des délits commis par les militaires, en permission ou congé, s'étendait même aux déserteurs, en un mot à tous ceux qui de *fait* ne se trouvaient pas soldats.

[18]

Il est bien entendu qu'à l'égard même des militaires , les conseils de guerre ne sont compétents qu'alors qu'il n'y a pas de complices civils ; dans le cas contraire , la loi du 22 messidor an 4 , qui rappelle les propres dispositions de la loi du 19 octobre 1791 , déclare que les tribunaux ordinaires seuls doivent connaître des délits.

Nous avons vu que la loi du 13 brumaire an 5 , art. 9 , rendait les embaucheurs justiciables des tribunaux militaires. --

Une première difficulté s'étant élevée sur la question de savoir si la loi entendait parler des embaucheurs citoyens ou militaires , (affaire Dunan , Brottier de la Villeurnoy et Poly) , M. Merlin , ministre de la justice , répondit avec raison : -- « Que » si la loi de brumaire n'avait entendu parler que » des militaires embaucheurs , cet article 9 aurait été » inutile , puisque la qualité seule de militaires aurait » rendu les embaucheurs justiciables des conseils de » guerre. »

Aujourd'hui que les commissions militaires spéciales , auxquelles un décret du 17 messidor an 12 renvoyait les embaucheurs , sont abolies par la charte , aujourd'hui que cette même charte proclame ce principe salutaire que , *nul ne peut être distrait de ses juges naturels ,* on se demande s'il est permis d'adopter l'opinion de M. Merlin , qui n'hésite pas à dire que , depuis la charte comme auparavant ,

[19]

les embaucheurs, quoique non militaires, sont justiciables des tribunaux militaires.

La cour de cassation, qui a sanctionné par diffé-
rents arrêts la doctrine de M. Merlin, a appuyé
ses considérans sur cette opinion que si, « par le
» décret du 17 messidor an 12, il avait été or-
» donné qu'au lieu d'être jugés par des conseils de
» guerre, les embaucheurs le seraient par des com-
» missions militaires, cette disposition n'avait point
» dépouillé la juridiction militaire, qu'elle n'avait
» fait qu'en modifier l'exercice, et que l'abolition
» de ce décret n'a pu avoir d'autre effet que de faire
» rentrer les conseils de guerre dans leurs attribu-
» tions primitives; que les conseils de guerre étant
» les juges naturels des militaires et des délits aux-
» quels la loi a imprimé le caractère de délit mili-
» taire, l'art. 62 de la charte, qui veut que nul ne
» puisse être distrait de ses juges naturels, est sans
» application, alors qu'il s'agit des embaucheurs »

Arrêt du 12 octobre 1820, affaire Peyreyre,
prévenu d'embauchage.

Même décision a été rendue le 22 août 1822,
dans l'affaire Caron et Roger, également prévenus
d'embauchage.

Enfin, le 5 février 1824, dans l'affaire Carrel,
Bazia et Pagès, prévenus d'avoir porté les armes
contre la France.

Certes, avec l'organisation actuelle des conseils de guerre, si une pareille doctrine pouvait prévaloir, il faudrait, suivant l'expression d'Odilon-Barrot, se voiler la tête et désespérer de la légalité en France.

Mais heureusement que la cour de cassation a eu le courage de revenir sur sa première jurisprudence. Nous ne pouvons mieux faire, pour développer les vrais principes sur la matière, que de citer l'arrêt fameux à propos de l'état de siège de Paris, arrêt rendu sur l'admirable plaidoirie d'Odilon-Barrot, le 30 juin 1832.

La cour ; — Attendu que la charte ni aucune loi postérieure ne se sont occupées des lois et décrets qui régissent l'état de siège. — Que ces lois et ces décrets doivent être exécutés dans toutes les dispositions qui ne sont pas contraires au texte de la charte.

Vu l'article 77 de la loi du 27 ventôse, ainsi conçu : « *Il n'y a point ouverture à cassation, ni contre les jugemens en dernier ressort des juges de paix, si ce n'est pour cause d'incompétence ou d'excès de pouvoir ; ni contre les jugemens des tribunaux militaires de terre et de mer, si ce n'est pour cause d'incompétence ou d'excès de pouvoir, proposée par un citoyen non militaire, ni assimilé aux militaires par les lois, à raison de ses fonctions.* »

Vu l'art. Ier de la loi du 22 messidor an 4, ainsi conçu : « *Nul délit n'est militaire, s'il n'a pas été commis par un individu qui fait partie de l'armée. Tout autre individu ne peut jamais être traduit comme prévenu, devant les juges délégués par les lois militaires.* »

Vu l'art. 53 de la charte, ainsi conçu : « *Nul ne pourra être distrait de ses juges naturels.* »

Vu l'art. 54 de la charte, qui porte : « *Il ne pourra en conséquence être créé de commissions et tribunaux extraordinaires, à quelque titre et sous quelque dénomination que ce puisse être.* »

Vu l'article 56 qui porte : « *L'institution des jurés est conservée.* »

Vu l'art. 69 qui étend les attributions du juri aux délits de la presse et aux délits politiques.

Vu la loi du 8 octobre 1830, qui, en conséquence, a défini les délits politiques.

[21]

Vu également l'art. 103 du décret du 24 décembre 1811, ainsi conçu : « *Pour tous les crimes ou délits, dont il (le commandant militaire) n'aura pas jugé à propos de laisser la connaissance aux tribunaux ordinaires, les fonctions d'officier de police judiciaire seront remplies par le prévot militaire, choisi autant que possible parmi les officiers de gendarmerie, et les tribunaux ordinaires seront remplacés par des tribunaux militaires.* »

Attendu que cet article 103 du décret précité est inconciliable avec le texte comme avec l'esprit des articles précités de la charte ; —— Que les conseils de guerre ne sont des tribunaux ordinaires, que pour le jugement des crimes et des délits commis par des militaires ou par des individus qui leur sont assimilés par la loi :

Qu'ils deviennent des tribunaux extraordinaires, lorsqu'ils étendent leur compétence sur des crimes ou des délits, commis par des citoyens non militaires.

Et attendu que Geoffroy, traduit devant le 2e conseil de la Ire division militaire, n'est ni militaire, ni assimilé aux militaires, que néanmoins ce tribunal a déclaré implicitement sa compétence et statué au fond.

Qu'en cela il a commis un excès de pouvoir, et violé les règles de sa compétence et les dispositions des art. 53 et 54 de la charte.

Par ces motifs, reçoit le pourvoi de Geoffroy contre la forme de procédure instruite contre le demandeur devant le 2e conseil de guerre, et tout ce qui s'en est suivi, et notamment le jugement de condamnation du 18 Juin.

Et pour être procédé conformément à la loi, le renvoie en état de mandat de dépôt par devant le juge d'instruction du tribunal de première instance de Paris, à ce déterminé par la délibération spéciale de la chambre du conseil.

Les conseils de guerre sont-ils compétens pour recevoir une partie civile et pour prononcer, à son profit, et sur ses conclusions, des dommages-intérêts contre un accusé ?

Cette question est complexe.

L'art. 28 de la loi du 13 brumaire an 5 porte que, si la partie plaignante se présente au conseil, elle y sera admise et entendue. Il ne peut donc y avoir de difficulté sérieuse ·sur la résolution de la première partie de cette question.

En est-il de même quant à la question des dommages - intérêts ?

Les avis sont partagés.

M. Legraverend pense que les conseils de guerre sont compétens : Cette faculté de la part de la partie civile de demander des dommages - intérêts lui semble résulter de la combinaison de l'article que nous venons de citer de la loi de brumaire , avec l'art. 8 du code des délits et des peines du 3 brumaire an 4 , qui autorise à poursuivre l'action civile en même temps et devant les mêmes juges que l'action publique.

Nous trouvons dans l'excellent ouvrage de M. Dalloz , au mot *compétence* , une opinion contraire :
« Les tribunaux militaires , dit M. Dalloz , sont
» des juridictions exceptionnelles , dont le pouvoir
» est borné à l'application des peines aux délits
» que la loi a nominativement placés dans leur com-
» pétence. *Ainsi un conseil de guerre est incompétent*
» *pour condamner à aucune réparation civile.* »

« Une chose très-remarquable , relativement aux
» conseils de guerre , dit M. Merlin dans son réper-
» toire, (voyez conseils de guerre), c'est qu'ils n'ont
» de juridiction que sur les personnes , *et que leurs*

» *jugemens n'ont par eux-mêmes aucun effet sur les*
» *biens.* »

La jurisprudence, qui par maints arrêts a reconnu la compétence des tribunaux spéciaux , pour prononcer sur les dommages-intérêts des parties , n'offre aucun renseignement sur la question qui nous occupe.

Je n'hésite point à adopter l'opinion de M. Dalloz.

Les conseils de guerre sont des tribunaux exceptionnels.

Leurs attributions doivent donc être clairement exprimées , et il n'est pas permis de les étendre.

Or la loi du 13 brumaire an 5 n'autorise pas les conseils de guerre à prononcer des réparations civiles.

Et il faut croire qu'il n'y a pas , de la part du législateur , une omission à laquelle il importe de suppléer par des raisons d'analogie tirées des lois et de la jurisprudence sur les cours et tribunaux spéciaux ;

Les conseils de guerre sont composés de juges , tous militaires , et pour lesquels ce serait une attribution souvent embarrassante , que celle de prononcer sur des réclamations civiles ;

D'un autre côté, la plus grande partie des délits qu'ils sont appelés à juger , étant exclusivement militaires , ne comportent pas l'idée de réparations de cette nature.

Il n'en est pas de même des tribunaux spéciaux.

Aux termes de la loi du 18 pluviose an 9, ils étaient composés de deux citoyens , de trois militaires ayant au moins le grade de capitaine , *du président et des deux juges du tribunal criminel* ;

Leur compétence qui s'étendait à toutes personnes, comprenait une grande quantité de délits *contre la propriété.*

Avec une telle organisation qui s'éloignait peu du droit commun , on comprenait la faculté laissée à ces tribunaux de prononcer des dommages intérêts.

Ajoutons encore , comme un argument contre l'opinion de ceux qui regardent le droit de prononcer sur l'action civile comme une conséquence naturelle du droit de prononcer sur l'action publique, que , malgré les termes absolus du code d'instruction criminelle , qui forme le droit commun sur la matière , les art. 584 et suivans du même code , relatifs aux cours spéciales , disposent *expressément* que ces cours pourront statuer sur les dommages intérêts qui leur seront demandés.

Le code de brumaire an 4 , sur lequel s'appuie M. Legraverend , contient , à côté de l'article cité par ce criminaliste , une exception au principe général posé dans l'art. 8 , en disant , art. 14 , *que les délits qui se commettent dans l'armée de terre et de mer sont soumis à des lois particulières , pour la forme des procédures et des jugemens , et pour la nature des peines.*

Au surplus, ce qui me déterminerait, en cas de doute, à adopter l'opinion contraire à celle de M. Legraverend, c'est que l'attribution laissée à des juges militaires de prononcer, en dernier ressort, des condamnations pécuniaires, peut entraîner de graves inconvéniens, tandis que leur incompétence à cet égard ne peut jamais préjudicier à la partie lesée, qui conserve toujours le droit de porter sa plainte devant les tribunaux civils.

De ce que les conseils de guerre n'ont de juridiction que sur les personnes, il ne faut pas tirer la conséquence qu'ils ne puissent en aucun cas porter des condamnations pécuniaires ; seulement il faut que ces condamnations soient une peine, telle est l'amende, ou les suites d'une peine, tels sont les dépens.

La loi du 17 ventôse an 8 et l'arrêté du 19 vendémiaire an 12 prononçaient contre les déserteurs une amende de 1500 francs, que l'ordonnance du 21 février 1816 a remplacée par une condamnation aux frais de poursuite ;

Et tous les jours nous voyons les conseils de guerre, en appliquant le code pénal ordinaire pour les délits non prévus par les lois militaires, condamner à l'amende, qui accompagne presque toutes les peines correctionnelles, et ils ne manquent jamais de prononcer contre les condamnés, le remboursement des frais au profit de l'état, conformément à la loi du 18 germinal an 7.

Nous les voyons même ordonner la restitution des objets volés, conformement à l'article 366 du code d'instruction criminelle, rappelé aux juges, par une circulaire ministérielle, en date du 27 septembre 1832.

C'est en ce qui touche surtout l'exécution, qu'il faut dire que les jugemens des conseils de guerre n'ont aucun effet sur les biens.

Ce principe a été consacré par la loi du 17 ventôse an 8, laquelle en portant une amende de 1500 francs contre les déserteurs, dit, article 10 :

« Le tribunal civil du domicile du déserteur ren-
» dra exécutoire la condamnation à l'amende, sur
» le vû du jugement du conseil de guerre ; ce ju-
» gement lui sera adressé par le rapporteur près
» dudit conseil. »

Aujourd'hui, bien que l'amende contre les déserteurs ait été supprimée, le principe de la loi de ventôse n'en subsiste pas moins, et lorsqu'un conseil de guerre a condamné soit à l'amende, soit à la restitution, soit aux frais, il faut, selon nous, que l'administration des domaines, ou les parties, réclament par les *voies civiles*, sur les biens du condamné, l'exécution du jugement, qui, malgré les termes de sa formule empruntée à la législation ordinaire, n'a par lui-même d'effet que sur les personnes.

[27]

Un jugement récent du 1er conseil de guerre de
la 16e division militaire, rendu dans l'affaire du
directeur de l'hôpital de Dunkerque, prononce
contre ce comptable, pour la garantie des resti-
tutions auxquelles il a été condamné, une contrainte par corps de deux ans, aux termes de la loi
du 17 avril 1832. (Jugement du 5 août 1834).

Les principes que nous venons d'exposer, et l'organisation toute spéciale des conseils de guerre nous
font douter du droit que pouvait avoir le 1er conseil
de guerre de la 16e division à aggraver, par une
extension abusive, la peine qu'il lui était permis
d'infliger pour le délit déclaré constant.

Nous avons dit plus haut qu'en thèse générale les
conseils de guerre étaient compétens *ratione personæ*. Ce principe qui reçoit une exception pour les
cas de délits de chasse et de contrebande, a été confirmé par la cour de cassation, le 9 février 1827,
dans une espèce assez singulière (Durfort Ce Muller).
Il s'agissait de la contrefaçon d'un ouvrage sur l'es-
crime.

La cour de Paris, considérant la nature toute particulière de ce délit « qui n'intéressait que la propriété
» littéraire et n'entraînait, pour ainsi dire, que des
» réparations civiles, » avait pensé que la connaissance
en appartenait aux tribunaux ordinaires ; mais la
cour de cassation, par cette raison que le général
Durfort était en activité de service; « qu'aux termes

» des lois en vigueur tout crime et délit , de quelque
» nature qu'il fut , commis par des militaires en acti-
» vité de service , était de la compétence des tribu-
» naux militaires ; que le fait de contrefaçon était
» qualifié délit par l'art. 425 du code pénal , »
renvoya M. Durfort devant un des conseils de guerre
de la 1re division militaire.

Quant aux délits de chasse et de contrebande , la
compétence des tribunaux correctionnels a été reconnue , pour les premiers , par un avis du conseil
d'état approuvé par l'empereur , le 4 janvier 1806 ;
et pour les seconds , par un arrêt de cassation en
date du 18 septembre 1829.

Voici le texte de l'avis du conseil d'état :

« Le conseil d'état qui , d'après le renvoi de S. M.
» I. et R. , a entendu le rapport de la section de lé-
» gislation sur celui du ministre général , tendant à
» modifier , relativement aux délits pour faits de
» chasse , l'avis du 7 fructidor an 12, qui déclare
» que les délits communs , commis par des militaires
» en garnison , ou présens à leurs corps , sont de la
» compétence des tribunaux militaires :

« Est d'avis que les contraventions et délits pour
» faits de chasse , intéressant les règles de la police
» générale et la conservation des forêts, la répression
» n'en peut appartenir aux tribunaux militaires ,
» même à l'égard des militaires ; que l'avis approuvé

» par sa majesté , le 7 fructidor an 12 , ne s'applique
» point à un tel cas , et que si de pareils délits n'étaient
» pas prévenus dans les garnisons par la bonne disci-
» pline des corps , et par les exemples des chefs , la
» poursuite en appartiendrait , conformément au droit
» commun , aux tribunaux correctionnels. »

L'arrêt de la cour de cassation est beaucoup plus explicite ; il s'appuie aussi sur la spécialité des lois qui régissent les douanes , et qui ont expressément attribué la connaissance des faits de contrebande aux tribunaux correctionnels ; mais surtout sur les procédures dans lesquelles ces sortes d'affaires peuvent incidemment entraîner ; telles sont les inscriptions de faux , les expertises , etc., etc. , procédures évidemment étrangères aux formes établies devant les conseils de guerre.

III.

INSTRUCTION DES AFFAIRES.

LA base de toute procédure militaire, c'est la plainte.

Lorsque le délit est purement militaire, elle est transmise hiérarchiquement au colonel du régiment, ou à l'officier, quelque soit son grade, qui commande en chef, et cet officier la transmet à son tour au général commandant la division, lequel décide *s'il y a lieu à informer.*

Lorsque le délit est de l'ordre commun, la plainte est le plus souvent adressée à un magistrat qui envoie l'affaire devant l'autorité militaire, et c'est toujours le général qui donne l'ordre d'informer.

« Il est revêtu, par conséquent, disait, en 1829,
» M. de Broglie, dans son rapport sur la loi de
» juridiction militaire, il est revêtu par conséquent

» du pouvoir de décider s'il y a lieu , dans l'intérêt du
» bon ordre , ou de fermer les yeux sur le fait , ou
» de donner suite à la plainte , à la dénonciation , à la
» rumeur publique.

» Institué au profit des accusés , humain et paternel ,
» juste au fond lorsque l'on réfléchit que l'extrême
» sévérité des peines militaires n'est en rapport qu'avec
» les besoins de la discipline , besoins variables , et
» qui ne sont ni toujours , ni partout également impé-
» rieux , ce pouvoir a eu jusqu'ici quelque chose d'in-
» tolérable.

» *Il s'appliquait* aux délits de l'ordre commun
» comme aux délits militaires. La vindicte sociale
» *demeurait* ainsi à discrétion entre les mains d'une
» autorité extra-judiciaire ; cette anomalie va cesser.

» Les délits de l'ordre commun seront poursuivis à
» la diligence des magistrats du droit commun , sous
» la seule condition , que le prévenu militaire ne sera
» jamais arrêté que de l'ordre de son chef, lequel en
» étant requis régulièrement ne pourra s'y refuser. Si
» l'autorité militaire a pris les devans , le prévenu sera
» livré , par elle , entre les mains du magistrat civil.

« On a même été plus loin : un délit purement
» militaire peut avoir causé quelque dommage à des
» tiers. S'il y a plainte de la part de ces tiers , l'ordre
» *d'informer devient obligatoire , et le général ne*
» *peut le refuser.* »

Certes , en annonçant de telles dispositions , la

commission, dont M. de Broglie était l'éloquent organe, prouvait qu'en s'occupant à améliorer le sort des militaires, elle n'oubliait pas l'intérêt non moins sacré des citoyens ; mais nous ne jouissons pas encore de ce code que l'on discutait en 1829, et prenons garde qu'on ne tire des paroles de M. de Broglie, promettant qu'à *l'avenir* le général serait obligé de donner l'ordre d'informer, la conséquence que, sous le *régime actuel*, il puisse le refuser.

Rien dans les lois militaires n'autorise un général à refuser de poursuivre même un délit militaire.

S'il est des cas où le scandale d'un jugement ou d'une absolution peut être plus préjudiciable au bon ordre et à la discipline que l'impunité, et si d'avance, dans ces cas, la raison absout l'autorité de son inaction, il n'en est point où il puisse être permis à cette même autorité de dénier justice au citoyen qui demande réparation de l'injure qu'il a soufferte.

L'art. 12 de la loi du 13 brumaire an 5 est formel.

« L'officier supérieur, dit cet article, commandant sur
» les lieux, qui, par voie de plainte, notoriété publique
» ou autrement, aura connaissance certaine d'un délit
» commis par un militaire ou autre justiciable du conseil
» de guerre, *ordonnera* sur-le-champ au capitaine-rap-
» porteur de recevoir la plainte, s'il en est fait une, de
» faire sur-le-champ l'information, etc. ; et, à défaut de
» plainte, il *sera* également procédé à l'information ; »

Ordonnera, *sera*, il n'y a rien dans cet article qui ne soit impératif.

Je sais bien que l'arrêté du 19 vendémiaire an 12, titre 3, art. 25, autorisait le commandant d'armes ou le général de brigade à refuser l'information, sauf à déduire ses raisons au ministre, mais c'était seulement pour le cas de désertion, l'unique délit que cet arrêté eût en vue ; et, d'ailleurs, cet article et toutes les dispositions de cet arrêté, relatives à la procédure des tribunaux spéciaux en cas de désertion, sont abrogés par l'ordonnance du 21 février 1816, qui renvoie aux conseils permanens, et conséquemment à leur procédure, la connaissance des délits en matière de désertion.

Je persiste donc à penser que, sous le régime actuel, le général qui refuserait de poursuivre un délit, sur la plainte d'un citoyen, pourrait être à son tour poursuivi comme coupable de déni de justice.

Soit informé ainsi qu'il est requis, telle est la formule de l'ordre que le lieutenant-général, commandant la division, dépose au bas de la plainte qu'il envoie au capitaine-rapporteur.

Il y joint les pièces à l'appui ;

La plainte indique les témoins du délit ;

Les pièces à l'appui sont : les rapports des officiers de semaine sur le délit,

Les procès-verbaux d'arrestation,

Les ordres de conduite ;

Les certificats des chirurgiens,

Les états de service du prévenu ,

Enfin les relevés des punitions , tablettes fatales où sont inscrites , jour par jour, toutes les fautes de discipline , depuis l'entrée au service , jusqu'à la traduction devant le conseil.

Armé de ces documens , le capitaine-rapporteur commence l'information , durant laquelle , aux termes de la loi de brumaire , il doit être assisté d'un greffier nommé par lui , et auquel il a préalablement fait prêter le serment d'en bien et fidèlement remplir les fonctions.

Le rapporteur est un capitaine choisi, par le général, entre les officiers des régimens qui se trouvent dans la ville où siège le conseil.

Aujourd'hui militaire , livré aux études spéciales de son état, ou habitué au doux *far niente* de la vie de garnison , il sera demain , sur l'ordre de son supérieur , enlevé à ses travaux ou à ses loisirs , et transformé en magistrat ;

Et quelle difficile magistrature ! Les formalités multipliées de l'instruction , dont la marche , à peine indiquée dans le code militaire, exige un recours fréquent aux lois de l'instruction criminelle civile ;

Le travail des réquisitoires , toujours pénible pour qui n'a pas l'habitude d'écrire ;

La lutte de l'audience avec des avocats expérimentés ; enfin le triste office de lire au condamné sa sentence , et de la faire exécuter.

Eh bien ! jamais les sujets ne manqueront à cette magistrature ; il se rencontrera toujours des officiers capables de la remplir, un grand nombre avec talent, tous avec zèle, conscience et humanité.

Et qu'on n'aille pas croire qu'ils soient stimulés par un motif d'intérêt personnel ! Non, toujours chargés de la comptabilité et de la surveillance de leur compagnie, ils n'ont d'autre dédommagement que le droit stérile de porter un habit bourgeois, d'autre perspective que la certitude de voir s'éloigner d'eux l'attention supérieure et l'avancement. Puisse le gouvernement, quand il organisera la justice militaire sur les bases posées par la nouvelle loi, ne pas oublier les anciens rapporteurs des conseils permanens, et récompenser leurs vieux services en les appelant aux places d'auditeurs et de rapporteurs !

Le greffier est choisi ou plutôt confirmé par le capitaine-rapporteur ; c'est le plus souvent un citoyen, ancien employé des administrations militaires ; le greffier voit, avec tous les régimens, passer successivement tous les rapporteurs de l'armée, lui seul est inamovible : c'est qu'il est indispensable.

Dépositaire des archives, conservateur de la jurisprudence et des circulaires ministérielles, code militaire incarné, le greffier souffle le rapporteur inexpérimenté, trace au nouveau président la marche des débats, formule les questions sur lesquelles les juges prononcent, et quelquefois, à défaut d'avocat, descend dans l'arène pour lutter contre l'accusation qu'il a si puissamment aidé à dresser.

La première opération de l'instruction, c'est l'audition des témoins.

La plainte les désigne, et le rapporteur les fait citer, en envoyant les cédules au colonel du régiment.

Ces témoins sont ordinairement très-nombreux ; c'est le plus souvent au milieu d'une caserne, dans un corps-de-garde, devant le front d'une compagnie que les délits militaires se commettent, et, dans ce cas, les chefs de corps ne manquent jamais d'envoyer, avec la plainte, le nom de tous les hommes présens ; le rapporteur se croit obligé de les entendre tous, et il en résulte des déplacemens nuisibles au service, une grande perte de temps, et des frais ; inconvéniens qu'on éviterait, si tous les colonels faisaient, ce que pratiquent quelques-uns, une enquête sommaire, pour apprécier la valeur de chacune des dépositions.

Viennent ensuite les témoins indiqués par l'accusé, soit pour prouver sa moralité, soit pour établir son innocence, soit enfin pour cette seule fin d'avoir des témoins à décharge en nombre égal à ceux de l'accusation, quand même ils n'auraient rien vu ni connu de l'affaire ; mais ce sont des amis, pensent les accusés, et ils ne peuvent jamais faire de mal.

Les témoins, à leur arrivée, sont entendus par le rapporteur, et, selon qu'il doit se passer un laps de temps plus ou moins long avant le jugement, renvoyés

à leur corps, ou laissés en subsistance dans un des régimens de leur arme, qui se trouvent dans la ville où
siège le conseil.

Si, dans l'intervalle qui s'écoule depuis le délit jusqu'à l'instruction, le régiment, auquel appartiennent
les témoins, quitte la division, le rapporteur formule
une série de questions qu'il communique à l'accusé,
et envoie son procès-verbal à l'un des rapporteurs du
conseil de guerre, si le régiment tient garnison dans un
chef-lieu de division, ou à un officier de gendarmerie,
ou à un juge de paix; et ces magistrats, après avoir in-
terrogé les témoins qui ne peuvent se déplacer, retour-
nent leurs procès-verbaux au rapporteur; c'est ce
qu'on appelle, en droit, des commissions rogatoires.

Ce mode d'entendre les témoins est assez usité en
matière de procédure militaire; il épargne des frais
et des déplacemens; toutefois l'intérêt de la vérité et
de la défense devrait le borner expressément aux cas
d'impossibilité matérielle, tels que l'éloignement trop
considérable ou la maladie.

Nous verrons, en examinant le délit de faux témoignage, qu'un ordre supérieur prescrit aux rapporteurs
de la 16e division d'entendre, sans déplacement, les
témoins des compagnies de discipline :

Les fusiliers et pionniers, parce qu'on suspecte leur
témoignage, et que d'ailleurs leur turbulence rend le
soin de leur garde trop pénible,

Les supérieurs, parce que la fréquence des délits

contre la subordination enleverait aux cadres tous les sous-officiers.

Quelque raisonnable que soit le motif qui a dicté cet ordre, nous ne saurions l'approuver en principe, et nous n'aurions point hésité à le blâmer, comme tendant à enlever aux soldats le bénéfice de la publicité des débats, si nous n'étions certains que, dans plus d'un cas, l'absence des supérieurs a été plus profitable que nuisible aux accusés.

Après chaque déposition, qu'elle ait été reçue oralement ou par commission rogatoire, le rapporteur la communique à l'accusé, qui fait ses observations, et lorsque toutes les dépositions ont été recueillies, le rapporteur clot le procès-verbal d'information, et procède à l'interrogatoire.

Il fait au prévenu les questions d'usage, lui demande ses nom, âge, profession avant d'entrer au service, lieu de naissance; s'il sait pour quel motif il est détenu, ce qu'il a à dire pour sa défense, si déjà il a été repris de justice, s'il connaît la rigueur des lois contre ceux qui se rendent coupables du délit qui lui est reproché. La loi de brumaire an 5 ne prescrit pas au rapporteur de faire au prévenu cette dernière question; il n'en est pas moins vrai qu'elle est de style, qu'elle se trouve sur toutes les formules imprimées officielles dont se servent les rapporteurs. Ce qui prouve que déjà depuis longtemps on sait apprécier la maxime banale *nemo censetur ignorare legem*, appliquée aux délits militaires.

Après avoir clos l'interrogatoire, le rapporteur dit au prévenu de faire choix d'un *ami* pour défenseur.

« Le prévenu, dit le législateur de brumaire an 5,
» aura la faculté de choisir ce défenseur dans toutes les
» classes de citoyens présens sur les lieux; s'il dé-
» clare qu'il ne peut faire ce choix, le rapporteur le
» fera pour lui.

» Dans aucun cas, le défenseur ne pourra retarder
» la convocation du conseil de guerre. »

Voilà bien la justice de l'époque ! On est en guerre ; la justice siège dans une tente : où trouver un avocat ? D'ailleurs *ses chicanes* pourraient entraver la marche du jugement. --- Pas de retard. ---Prenez un *ami*.....

Voyez-vous d'ici un pauvre soldat sous le coup d'une accusation bien grave, et cherchant des yeux, parmi ses pairs, lui misérable et sans appui, un défenseur dont la parole hardie et indépendante puisse le protéger contre la prévention ignorante ou haineuse ?

Encore, en lui permettant de prendre cet *ami* dans toutes les classes de citoyens présens sur les lieux, la loi de brumaire se montre-t-elle plus favorable à la défense que la loi du 2ᵉ jour complémentaire de l'an 3. D'après cette loi, le droit qu'avait le prévenu de se donner un défenseur, se bornait à le prendre parmi les militaires, s'il était militaire ; parmi les employés, s'il était employé de l'armée.

Aujourd'hui, bien que la loi de brumaire continue de régir l'armée, l'établissement des conseils de guerre dans les villes importantes où siègent des cours et tribunaux, offre aux malheureux soldats des moyens de défense plus étendus.

Lorsque l'accusé ne peut payer un défenseur, ce qui n'est pas rare, le rapporteur lui désigne d'office un des jeunes avocats du tribunal, et ce mandat de confiance est toujours honorablement rempli.

Pour moi, je n'oublirai jamais que c'est devant les tribunaux militaires que j'ai fait mon apprentissage du barreau. Les encouragemens des juges, l'accueil fraternel des rapporteurs, ont adouci ce qu'il y avait de pénible dans le début de la carrière.

Si mes efforts ont quelquefois été vains, si les reconnaissans adieux de quelques malheureux marchant à la mort ont laissé dans mon cœur des souvenirs déchirans, combien de larmes n'ai-je pas séchées! avec quel juste sentiment d'orgueil n'ai-je pas pu me dire souvent: encore un brave que je conserve au pays!

Je parlais tout à l'heure du zèle des jeunes avocats; il est d'autant plus louable qu'il est désintéressé, qu'il est purement volontaire, aucune loi ne faisant de cette défense officieuse une des obligations de leur état.

C'est ce qui a été jugé par la cour de cassation le 13 juillet 1825, à propos du refus d'un avocat de Lille, chargé d'office de la défense d'un militaire, et qui, je me hâte de le dire, s'obstina dans sa controverse, non par défaut de zèle ou d'humanité, mais pour l'honneur du principe.

Voici le texte de l'arrêt.

« La cour.....— Considérant que la profession d'avocat
» impose sans doute à celui qui l'exerce, le devoir
» moral de défendre tout accusé, même devant les tri-
» bunaux militaires ; mais qu'aucune loi ne l'oblige, en
» informant de son refus le tribunal militaire, de lui
» en faire approuver les motifs, sauf à l'avocat à les
» soumettre au conseil de discipline de son ordre,
» s'il en est requis.

» Considérant que l'art. 41 de l'ordonnance royale,
» du 20 novembre 1822 n'est pas applicable à l'espèce,
» puisque cet article n'impose qu'aux avocats nommés
» d'office par les cours d'assises, l'obligation de faire
» approuver, par ces cours, leurs motifs d'excuse ou
» d'empêchement ;

» Que, conséquemment, en jugeant, comme l'avait
» déjà fait le tribunal de 1re instance de Lille, sié-
» geant en conseil de discipline, que, pour n'avoir
» pas soumis au conseil de guerre de cette ville, ses
» motifs d'excuse ou d'empêchement qui, d'ailleurs,
» ont été jugés légitimes, Roussel, avocat, n'avait
» point encouru la peine de réprimande, ni celle
» d'avertissement, la cour royale de Douai n'a violé
» aucune loi ; » — rejette. — (La cour de cassation
avait été saisie par le pourvoi du procureur-général
près la cour de Douai).

Lorsque, pour un motif quelconque, un prévenu
se présente sans défenseur, le président demande s'il

est quelqu'un dans l'auditoire qui veuille se charger de le défendre , et lorsque aucun avocat improvisé ne répond à cet appel , on passe outre , le vœu de la loi est rempli. J'ai vu des présidens se montrer plus scrupuleux observateurs de la forme; à défaut de défenseur tiré de l'auditoire , ils faisaient tout bonnement asseoir à la barre un des hommes de garde , lequel se contentait de se lever et de se rasseoir au plus vite, quand on lui accordait la parole.

Disons, pour nous soulager le cœur , que , dans ces cas , soit par l'évidence du crime , soit par l'évidence de l'innocence , le ministère de l'avocat eût été inutile , et que , d'ailleurs , le capitaine-rapporteur suppléait , par l'impartialité de son rapport , à l'absence du défenseur.

Lorsque l'information est terminée , le rapporteur en donne avis au général , qui convoque aussitôt le conseil.

IV.

SÉANCE DU CONSEIL DE GUERRE.

———

Au jour fixé par la convocation , les juges se réunissent, en *grande tenue,* dans une salle d'un bâtiment militaire. Là , avant l'ouverture officielle de la séance , le président donne lecture de l'ordre de convocation qui contient la série d'affaires, dont le conseil doit s'occuper, sans *désemparer.*

Le président profite ordinairement de l'espèce de *huis clos* qui précède l'ouverture de la séance, pour lire aux juges les circulaires ministérielles qui ont été envoyées au général, pour leur être communiquées. Ces circulaires, sur lesquelles nous aurons occasion de revenir, tracent aux juges leurs devoirs, et relèvent les erreurs qu'ils ont pu commettre dans leurs précédens jugemens.

Presque toujours le défenseur est présent à ces sortes de mercuriales, et souvent il lui est permis de rassurer les juges sur leur jurisprudence.

La lecture des circulaires et des instructions terminée, on ouvre les portes, et le public entre dans la salle.

Aux termes des lois militaires, ce public est fort restreint.

« Le nombre des spectateurs, dit l'art. 24 de la loi du 13 brumaire an 5, ne pourra excéder le triple de celui des juges », c'est-à-dire, vingt-et-une personnes.

Que l'on déduise maintenant de ce public, les hommes de garde, que le président peut compter comme spectateurs; les personnes qu'il a pu choisir et placer d'avance, suivant l'aristocratique coutume que l'on a établie depuis quelque temps dans les tribunaux, et qui a pour résultat le plus ordinaire, quand toute la salle n'est pas envahie, de reléguer le véritable peuple dans l'endroit le plus incommode et le plus éloigné, lui pour qui les tribunaux offrent des exemples salutaires, tandis qu'ils ne sont qu'un délassement et qu'un spectacle pour les classes aisées; enfin ceux que le président peut chasser, comme troublant l'ordre, qu'il peut même condamner à garder prison pendant quinze jours, que les perturbateurs soient militaires ou citoyens, l'art. 24 ne distingue pas, et l'on aura une idée de la publicité des débats, telle que l'entendaient les législateurs de brumaire.

Et pourtant, de toutes les garanties, dont une bonne législation doit entourer un accusé, la plus puissante est bien certainement la publicité de l'audience.

La présence libre et respectée des citoyens, dans l'enceinte où la défense lutte contre l'accusation, impose, à défaut de la conscience, la vérité aux témoins, aux juges l'impartialité.

« Cette publicité, dit quelque part M. Guizot,
» a moins pour objet de faire siéger les juges en
» présence de quelques hommes, que de mettre
» la conduite du procès et le jugement eux-mêmes
» sous les yeux de tous les citoyens ; c'est par là
» qu'on apprend si les formes ont été respectées
» ou violées, si le vœu de la loi est rempli, quel
» esprit a présidé aux débats, sur quelles preuves
» a eu lieu la condamnation ou l'acquittement. »

Hâtons-nous de faire une remarque qui se reproduira souvent dans le cours de cet ouvrage, c'est que les vices de la loi sont modifiés le plus souvent par la sagesse et par l'humanité des juges.

Les idées constitutionnelles ont pénétré jusque sous l'uniforme ; et il n'est pas rare de voir, dans les conseils de guerre, l'esprit de la charte prévaloir même sur la lettre en apparence inflexible de la loi.

Mais les hommes passent et la loi reste, et si l'on doit regarder comme un grand malheur qu'il se rencontre des juges pervers, c'est un malheur plus grand encore qu'ils puissent avoir la loi pour complice.

Je dirai de la faculté laissée au président d'envoyer en prison, sans forme de procès, un spectateur qui aurait troublé l'ordre, que jamais je ne l'ai vu exercer par aucun président; j'ajouterai, contre l'opinion de M. Legraverend, et peut-être le texte de la loi, que ce droit exorbitant a été, au moins en ce qui touche les citoyens, enlevé aux présidens, par l'article de la charte qui garantit la liberté individuelle. Il me semble qu'en cas de trouble apporté par un citoyen, le droit du président d'un conseil de guerre se bornerait actuellement à l'expulser de l'audience, ou à dresser contre lui un procès-verbal, en cas de délit.

Je ne puis admettre cette opinion, qu'un citoyen, en entrant dans une salle de conseil de guerre, aurait, par ce fait seul, été dépouillé des droits qu'il tient de sa qualité, et qu'il serait assujetti, pour les délits qu'il commettrait, à la justice exceptionnelle devant laquelle la curiosité ou le hasard l'aurait conduit.

Lorsque le conseil est rassemblé, le président fait apporter et déposer devant lui sur le bureau, un exemplaire de la loi. L'article 25 de la loi de

brumaire regarde comme indispensable cette formalité qui , aujourd'hui , ne comprend plus seulement
la loi en vigueur alors , mais toutes les lois qui
peuvent être appliquées par les juges.

Il demande ensuite au rapporteur lecture des
pièces de la procédure. Cette lecture terminée, le
président ordonne au sergent de garde d'introduire
l'accusé, lequel, suivant la loi, paraît devant ses
juges, libre et sans fers ; accompagné de son défenseur officieux. Le fait est que son défenseur l'a
précédé dans la salle , qu'il a assisté à la lecture
des pièces , sans que jamais on ait songé à lui re-
procher sa présence , comme une violation de la
loi.

Le président interroge l'accusé, qui répond par
lui-même ou par son défenseur ; chacun des juges
peut lui adresser des questions par l'organe du
président ;

Après l'interrogatoire , on passe à l'audition des
témoins.

La loi de brumaire ne dit pas un mot de la
nécessité d'entendre publiquement les témoins , et
les formules regardent cette audition comme facultative de la part des juges ; félicitons-les donc
de ce que jamais ils n'ont privé les accusés de cette
garantie, qui est la conséquence du principe de la
publicité des audiences ; en effet, qu'importe à un
accusé que les citoyens assistent aux débats , s'ils n'y

entendent que la lecture des dépositions des témoins, dépositions reçues en secret? qui lui répond que les menaces ou les séductions ne les ont pas dictées?

Quel moyen pour lui de faire interroger, à son tour, les témoins, pour tirer parti de leurs hésitations, pour tenir note de leurs variations, pour les convaincre de mensonge?

Les témoins déposent suivant les formes de la justice civile, debout, la main dégantée, et *désarmés*. Moins les juges sont familiarisés avec ces formes, et plus ils y tiennent minutieusement. J'avoue que je ne comprends pas bien comment la maxime *cedant arma togæ* a pu prévaloir dans le sanctuaire de la justice militaire, alors que Thémis siège sous la tente, alors que les juges eux-mêmes sont armés de toutes pièces.

Les dépositions des témoins reçues, le président donne la parole au capitaine-rapporteur qui résume les débats, développe l'accusation, et donne ses conclusions.

Ces attributions du capitaine-rapporteur, il faut le dire, lui ont été dévolues, moins par le texte de la loi de brumaire, que par l'usage emprunté aux fonctions analogues que remplit près des tribunaux ordinaires le procureur du roi.

Aussi la circulaire ministérielle, du 28 mai 1834, s'est-elle appuyée sur le silence de la loi, pour donner au commissaire du roi les attributions qu'elle enlevait aux rapporteurs.

Nous dirons quelques mots sur cette grave question qui partage les conseils de guerre et de révision , et qui, imprudemment soulevée, vient de jeter un nouveau sujet de perturbation dans une législation déjà si embrouillée et si discordante.

Cette circulaire qui considère le rapporteur comme un juge d'instruction, lui permet toutefois de *conclure.* Quant au commissaire du roi , elle le considère comme l'organe du ministère public , et lui reconnaît le droit *de soutenir et de développer l'accusation , de chercher à établir que la loi a été blessée par l'action qui est déférée au conseil, et de requérir ensuite le châtiment qu'elle prononce en réparation de cette action qualifiée crime ou délit.*

Il résulte de cette manière d'interpréter les fonctions dévolues par la loi aux organes fractionnés du ministère public , que l'accusé a contre lui deux accusateurs , et que ces deux accusateurs , indépendans l'un de l'autre , peuvent dans la même affaire donner des conclusions différentes , et même contraires ; ce qui est intolérable.

Le conseil de révision de Paris , plus conséquent dans ses considérans que le ministre dans ses instructions , a dénié au rapporteur le droit de prendre la parole et de donner des conclusions à l'audience , et a attribué ce droit au commissaire du roi , qu'il a reconnu comme le seul organe du ministère public.

Dans le système du conseil de révision de Paris, le rapporteur ne doit donc être considéré que comme un juge d'instruction.

Voyons si le nom même de cet officier, et si la nature des fonctions qui lui sont expressément accordées par la loi, ne contrarient pas cette opinion.

La dénomination de rapporteur, outre qu'elle implique l'idée d'un rapport quelconque, lequel se résume d'ordinaire par des conclusions, a été empruntée à la loi du 2ᵉ jour complémentaire de l'an 3.

« Chaque conseil d'administration, disait l'article
» 6, nomme à son choix. . . . . . un capitaine,
» pour remplir les fonctions de rapporteur près
» les conseils militaires, donner sur le compte
» des prévenus les renseignemens qu'il aura pu
» prendre, et produire contre eux ou à leur décharge
» toutes les pièces qui tendront à les convaincre ou à
» les justifier ; *il donnera ses conclusions*, mais sa voix
» ne sera pas comptée. »

N'est-il pas naturel de penser que le législateur de brumaire, en donnant ce même nom de rapporteur aux nouveaux officiers qu'il instituait, ait voulu leur en attribuer en même temps toutes les fonctions ?

Ce qui prouve que, tout au moins, il n'a pas vu en eux seulement *des juges d'instruction*, c'est qu'il les a chargés d'un soin qui appartient spécialement, dans toutes les juridictions, au ministère public, le soin de veiller à *l'exécution* des jugemens... (art. 36).

[53]

Si l'on objecte que la loi du 21 brumaire an 5 n'a point donné aux rapporteurs ce droit de *conclure* qui leur était accordé par la loi du 2e jour complémentaire de l'an 3 , je répondrai que, si ce droit ne résulte pas nécessairement de la fonction qu'on remplit , que s'il doit être expressément reconnu par une disposition spéciale , les commissaires du roi ne le possèdent pas davantage.

Les articles de la loi de brumaire qui réglent minutieusement et explicitement la manière de procéder aux débats , ne laissent pas supposer l'intervention des commissaires du roi dans les débats pour développer l'accusation en fait ; et la conséquence la plus exacte à tirer de cette absence de dispositions, à l'égard du rapport et des conclusions , serait peut-être qu'il ne doit pas être fait de rapport , qu'il ne doit pas être donné de conclusions.

D'après l'esprit de la loi de brumaire , le jugement a lieu sur *pièces écrites* ; ce n'est qu'hypothétiquement qu'il est parlé dans cette loi de la présence de la partie plaignante ; des témoins , il n'en est pas dit un mot. Il n'y a donc pas , à proprement parler , de débats ; conséquemment pas de nécessité de rapport , ni de conclusions. Les pièces et l'interrogatoire du prévenu établissant suffisamment, pour les juges, l'état de la procédure.

Dans ce système , les fonctions du commissaire du roi sont clairement tracées par la loi.

Il veille à l'observation des formes prescrites , prend

acte, dans l'intérêt de la loi, des infractions qui peuvent être commises, pour en demander le redressement devant le conseil de révision, intervient dans les questions de droit incidentes, telles que les questions de compétence, pour éclairer les juges par ses conclusions; et, quand le conseil dans la chambre de ses délibérations a prononcé sur la culpabilité ou sur l'innocence d'un justiciable, il requiert l'application de la loi, soit contre lui, soit en sa faveur; en un mot il est l'homme de la loi.

Depuis qu'une salutaire imitation des formes de la justice ordinaire a consacré comme un droit, pour les accusés, la latitude laissée aux conseils de guerre d'entendre les témoins à l'audience, les fonctions d'un officier chargé de résumer l'affaire et de développer les faits nouveaux, résultant des débats, ont pu être jugées indispensables.

Ces fonctions, dit-on, ont, dans plusieurs affaires célèbres, été remplies par les commissaires du roi, c'est possible; depuis trente ans elles sont remplies par les rapporteurs. Où est le droit, où est l'erreur?

Certes, si l'on n'avait pas à l'appui de l'opinion qui investit le rapporteur de ces fonctions, l'usage incontesté (*) depuis plus de trente ans, et les dispositions

---

(*) M. Legraverend rapporte cependant qu'en 1816, un procureur du roi près d'un conseil de guerre de Paris, prétendit qu'un rapporteur ne devait pas faire de rapport, ou que du moins il devait se borner à analyser les charges sans rappeler le système de défense.

M. Legraverend ajoute que le conseil de révision, devant lequel on avait produit cette opinion pour faire casser un jugement, n'y eut aucun égard.

des formules dressées par le gouvernement en exécution de la loi de brumaire, et qui supposent que les conclusions ont été données par les rapporteurs; s'il fallait
rechercher auxquels de ces officiers elles doivent appartenir, dans l'intérêt de la bonne administration de la
justice, il ne serait pas difficile d'établir la nécessité
de les confier aux rapporteurs.

D'abord, en quoi consiste, pour les juges militaires,
l'utilité d'un bon rapporteur? Dans la connaissance
qu'il a des faits de la cause, faits qu'il a suivis, étudiés
dans les dépositions des témoins et dans les interrogatoires des prévenus; connaissance qui le met à même
d'éclairer le conseil, et de soutenir l'accusation contre
les ressources de la défense; connaissance qui manquera
toujours au commissaire du roi à qui l'instruction
des affaires est étrangère, et pour qui le travail prépa-
ratoire se bornera, le plus souvent, à une lecture fugitive
des pièces au greffe, sinon à ses souvenirs d'audience.

D'un autre côté, l'intérêt sacré de la défense ne s'op-
pose-t-il pas à ce que le même magistrat, qui vient de
soutenir une accusation avec l'énergie que lui impose
sa conviction ou quelquefois son amour-propre, soit
admis dans la chambre des délibérations, qui est fermée
pour l'accusé et pour son défenseur?

Ce privilége, accordé au commissaire du roi par
l'art. 29 de la loi de brumaire, suffirait seul pour motiver l'incompatibilité qui existe entre ses fonctions et
celles d'accusateur public.

On conçoit que le commissaire du gouvernement , homme de la loi , qui n'a eu aucun intérêt dans la discussion du fait , pour qui , avant la délibération des juges, il est indifférent qu'ils acquittent ou condamnent ; on conçoit que ce magistrat suive les juges dans leur sanctuaire, et qu'il y attende, impassible, qu'un verdict soit rendu , pour requérir l'application de la loi ; mais ce qu'on ne concevrait pas , en bonne justice , ce serait la présence , dans la chambre des délibérations , de l'accusateur public, encore tout pénétré de son réquisitoire , encore tout plein des moyens sur lesquels il a motivé ses conclusions , et *pouvant* , avec ses passions d'homme , jeter dans la balance des juges , ses inférieurs , une influence que la défense ne serait plus appelée à combattre,

C'est également parce qu'elle n'a vu dans le commissaire du roi que l'homme de la loi , que la loi du 18 vendemiaire an 6 lui a donné le droit de se pourvoir en révision , *même en cas d'acquittement du prévenu*. Ce droit , dans la supposition même où il ne serait exercé que dans *l'intérêt de la loi*, est exorbitant et contraire aux principes de nos lois ordinaires , puisqu'il suspend , pour les accusés , le bénéfice d'un acquittement ; ne serait-il pas odieux s'il était remis aux mains d'un magistrat qui aurait été partie en cause, et qui aurait une revanche à prendre ?

Jusqu'ici nous n'avons examiné les fonctions des

commissaires du roi que sous le rapport moral, et nous avons cherché à les déterminer, moins par la citation des textes de lois militaires qui sont incomplets, que par des raisons tirées de l'incompatibilité qu'elles présentent avec les attributions ordinaires du ministère public, tel que nous le connaissons aujourd'hui ; voyons maintenant si ce n'est pas par suite d'une grave erreur *de droit,* que le ministre a prétendu que le commissaire du roi représentait le ministère public, et devait reclamer, en la motivant sur les faits résultant de l'information, l'application de la loi , et que le conseil de révision de Paris, après le ministre, a prétendu que les fonctions du ministère public, ne pouvaient être partagées.

Ce n'est pas d'après les règles actuelles de notre organisation judiciaire qu'il faut se prononcer.

Aujourd'hui, il n'y a plus qu'un ministère public, il ne pourrait être fractionné.

Mais l'institution des commissaires du roi n'appartient-elle pas à une organisation judiciaire antérieure à celle qui nous régit ? et n'est-ce pas dans les règles de cette autre organisation qu'il faut aller chercher la solution de la question ?

La constitution de 1791 votée sous l'empire des idées républicaines de l'époque , établissait, dans les tribunaux criminels, deux magistrats, l'un accusateur public, nommé par le département, chargé de poursuivre ceux que le jury d'accusation avait remis à la justice ; l'autre, commissaire du roi , dont la fonction était de veiller à l'exécution de la loi, et de maintenir l'observation des formes.

On retrouve dans le code des délits et des peines du 3 brumaire an 4, cette même division du ministère public, en accusateur public et en commissaire du pouvoir exécutif; il n'est donc pas étonnant que le législateur de brumaire an 5 ait, par analogie, établi dans les tribunaux militaires, deux organes du ministère public sous les dénominations que nous leur connaissons aujourd'hui.

Les constitutions et les lois civiles ont disparu dans les tourmentes révolutionnaires, la loi militaire seule est restée debout, avec ses formes particulières d'organisation judiciaire, qu'il faut suivre, selon l'esprit de la constitution à laquelle elles ont été empruntées.

Or, voici ce que disait Duport, le 26 décembre 1790, à l'assemblée nationale, en présentant son rapport au nom des comités de constitution et de jurisprudence criminelle.

« La société va remettre à un officier public la » mission d'exercer ses droits, et de poursuivre le » prévenu en son nom. »

« Cet officier sera l'accusateur public. »

L'orateur explique, par des raisons tirées de la différence qui existait alors entre notre constitution et la constitution anglaise, pourquoi *l'accusation n'a pas été déférée aux commissaires du roi?*

[59]

« En Angleterre, le roi est à lui seul le pouvoir
exécutif. »

« En France, le roi n'est que le chef suprême du
» pouvoir exécutif ; il ne nomme pas les agens de
» l'exécution pour l'intérieur, il s'en sert seulement ;
» c'est le peuple qui les lui désigne, qui les remet
» dans la main du roi pour être employés par
» lui, ils ne reçoivent de lui que le mouvement et
» non l'existence ; il commande à tous au nom de
» la loi, mais il n'en choisit aucun. Ses commissaires
» sont les organes par lesquels il voit, il apprend si
» la loi est partout exécutée, mais ils ne sont pas des
» moyens directs d'exécution ; ils agissent sur les
» corps constitués par voie de réquisition, *mais*
» *jamais sur les individus directement.* Bien loin
» de là, la maxime fondamentale de notre gouver-
» nement, c'est que la force exécutive du monar-
» que ne puisse jamais atteindre les individus que
» par l'intermédiaire nécessaire des agens élus par
» le peuple. *Or , ce principe serait violé si les*
» *commissaires du roi pouvaient accuser les citoyens.*
» Ils peuvent requérir, provoquer et stimuler tous
» ceux qui ont le droit d'agir, mais non pas agir
» eux-mêmes ; ils sont les officiers de toute la société
» près de chacune de ses parties ; ils appartiennent
» aux centres, et non aux lieux dans lesquels ils
» exercent ; c'est du centre qu'ils reçoivent leurs
» fonctions ; c'est au centre qu'elles viennent abou-

» tir. Ce n'est pas *l'intérêt local*, ou *l'affaire particu-*
» *lière qui les concerne*, *mais l'intérêt général ou la loi*
» *qu'ils défendent. Ils n'ont aucune action sur les faits ;*
» *mais lorsque les faits sont prouvés*, *ils s'en emparent*
» *et les rallient à la loi ; leur ministère ne commence*
» *que lorsque le fait est constant.* Aussi, par exemple,
» lorsque les jurés ont déclaré un accusé convaincu,
» ce sont eux qui requerront *l'application de la peine* ;
» car la loi ne veut pas que Pierre ou Paul soit cou-
» pable ; mais elle veut seulement que celui qui
» est déclaré coupable soit puni. . . . .
. . . . « S'il en était autrement, le
» commissaire du roi étant *accusateur* et conséquem-
» ment *partie*, ne pourrait plus exercer sur le juge-
» ment cette surveillance qui lui est confiée ; il
» n'aurait plus l'indépendance nécessaire à ses fonc-
» tions, etc., etc.

Telle était, au reste, sur la nature des fonctions
des commissaires du roi, l'opinion de l'honorable
rapporteur de la commission sur le projet d'organisation militaire, de M. de Broglie, qui disait en 1829
devant la chambre des pairs, « que l'état de choses
» actuel n'était que le dernier débris, le débris
» mutilé et défiguré d'un système inventé aux pre-
» miers jours de nos troubles civils, mais aboli
» depuis longues années, système qui instituait dans
» les tribunaux *deux organes de la loi*, *l'un accu-*
» *sateur public*, *magistrat populaire*, *chargé à-la-*

» *fois , et de surveiller l'instruction et de requérir*
» *au nom de la vindicte sociale , l'autre, le commis-*
» *saire du roi,* nommé par le roi, *préposé à l'obser-*
» *vation des formes du Jugement,* personnage nul ,
» pâle reflet de ce roi sans puissance et sans majesté
» que nous avait fait la constitution de 1791. »

A de telles autorités on demande ce que peuvent répondre les rédacteurs de la circulaire du 28 mai. Aussi, bientôt elle aura cessé de troubler les conseils de guerre, et il ne nous restera plus qu'à féliciter les officiers qui les composent, d'avoir eu le courage , plus rare qu'on ne pense , de défendre le droit et la raison contre l'autorité d'une circulaire ministérielle.

Après les plaidoiries et les répliques , le président demande à l'accusé s'il n'a rien à ajouter pour sa défense; puis il ordonne que tout le monde se retire , ou, suivant les localités se retire lui-même , avec les juges et le commissaire du roi , dans une salle voisine.

L'accusé est reconduit à sa prison , d'où on ne l'extrait pas même pour entendre prononcer publiquement son jugement.

Le président pose pour chaque délit une seule question ; il recueille les voix en commençant par le grade inférieur et donne son opinion le dernier.

Dans le cas où trois membres du conseil déclarent que l'accusé n'est pas coupable, la loi de brumaire an 5, veut qu'il soit mis sur le champ en liberté et rendu à ses fonctions ; c'est ce qu'on appelle la *minorité de faveur*.

Si, au contraire, cinq voix déclarent qu'il est coupable, le commissaire du roi requiert l'application de la peine, dont la nature et la quotité sont déterminées également par la majorité de cinq voix.

Dans le cas où la majorité de cinq voix ne se réunirait pas pour l'application de la peine, l'avis le plus favorable à l'accusé est adopté.

Le conseil rentre dans la salle d'audience. *Au nom du roi*, dit le président, et tout le monde se lève, et les sentinelles présentent les armes.

Le président prononce à haute voix le jugement, dont l'exécution est confiée aux diligences du capitaine rapporteur.

En cas d'acquittement, le président ordonne la décharge de l'accusation et la mise en liberté du prévenu ;

Nous avons dit que le prévenu n'était pas présent.

Le capitaine rapporteur lui donne lecture de son jugement devant la garde assemblée, et le prévient qu'il a vingt-quatre heures pour se pourvoir en révision.

Le commissaire du roi, également aux termes de la loi du 18 vendemiaire an 6, a vingt-quatre heures pour se pourvoir en révision, en cas d'acquittement du prévenu , c'est ce qui fait que , malgré la loi de brumaire et l'ordonnance du président , on retient ordinairement le prévenu en prison jusqu'à ce que ce délai , accordé au commissaire du roi , soit écoulé.

V.

DELITS.

En thèse générale et sauf quelques exceptions que nous avons déduites, c'est à raison de sa qualité que le soldat est traduit devant les conseils de guerre, et non à raison du délit qui lui est reproché.

De quelque nature que soit ce délit, qu'il blesse la discipline, la propriété d'un camarade, la personne d'un citoyen, l'honneur d'une jeune fille, il soumet celui qui l'a commis à la juridiction militaire.

On peut ranger en trois classes les crimes et délits justiciables des tribunaux militaires.

La première comprendrait les délits purement militaires, c'est-à-dire, que des soldats seuls peuvent commettre, et qui sont prévus par des lois spéciales, tels sont les délits de désertion et d'insubordination.

Le deuxième comprendrait cette espèce de délits que nos mœurs réprouvent, que nos lois civiles punissent, mais pour lesquels le code militaire réserve un châtiment particulier et que, pour cette raison, j'appellerai mixtes, tels sont : le vol au camarade, le viol, le vol chez l'habitant, la vente et la dissipation d'effets.

Dans la troisième enfin, on pourrait ranger les crimes ordinaires, qui ne sont punis par les conseils de guerre qu'à raison de la qualité des prévenus, les lois ordinaires étant seules applicables, tels sont : l'escroquerie, le faux, l'assassinat, etc., etc.

Je me hâte de dire qu'il n'entre point dans le plan que je me suis tracé, de parler de cette dernière espèce de délits, elle m'entraînerait trop loin.

L'habit honorable du soldat peut, par des exceptions dont nul corps n'est exempt, couvrir tous les vices, et, par conséquent, investir les tribunaux de la connaissance des délits les plus divers. Depuis l'adroit sapeur pompier, qui dévalisa naguère avec tant d'audace, à la porte St.-Martin, les jeunes et aimables danseuses qu'il était chargé de protéger contre l'incendie, jusqu'au féroce soldat du 61e, assassin de son vieux père, que de crimes de toute espèce ont nécessité, de la part des conseils de guerre, l'application du code pénal ordinaire !

Je ne prendrai donc parmi les délits ordinaires, que ceux que j'ai appelés *mixtes*.

Iʳᵉ CLASSE,

Désertion. — Insubordination.

———

Désertion.--La désertion, à la définir d'après son étymologie, c'est le délit du soldat qui abandonne son drapeau ; mais différens décrets ayant considéré comme déserteurs, et l'enrolé volontaire , et le remplacant, et l'amnistié, qui ne se rendent pas, dans les délais déterminés , au corps pour lequel chacun d'eux est destiné, il a fallu , pour être conséquent, donner une signification plus large au mot désertion , et, aux termes d'une instruction ministérielle du 10 décembre 1811 , elle a été définie : l'absence illégale d'un corps militaire.

« Pendant la guerre , dit l'arrêté du 19 ven-
» démiaire an 12, titre IX , art. 73 , sera réputé
» déserteur tout sous-officier ou soldat qui aura
» abandonné son corps sans permission , ou qui,
» ayant obtenu un congé, n'aura pas rejoint après
» l'expiration dudit congé.

» Sera réputé avoir abandonné son corps , celui
» qui, à l'armée ou dans une place de guerre, en
» sera absent depuis vingt-quatre heures, et , en
» tout autre lieu , depuis quarante-huit heures.

» Sera réputé n'avoir pas rejoint après l'expiration
» de son congé , celui qui aura dépassé de huit
» jours la durée dudit congé.

» Pendant la paix, dit l'art. 74, sera réputé
» déserteur tout sous-officier ou soldat qui, ayant
» plus de six mois de service, aura abandonné
» son corps depuis trois fois vingt-quatre heures,
» dans un camp ou une place de guerre, et depuis
» huit jours, dans tout autre lieu, ou qui aura
» dépassé de quinze jours la durée de son congé.

» Celui qui, ayant moins de six mois de service,
» abandonnera son corps dans un camp ou une
» place de guerre, ne sera déclaré déserteur
» qu'après quinze jours d'absence, et qu'après un
» mois dans tout autre lieu.

» Celui qui aura moins de six mois de service,
» et qui aura obtenu un congé, ne sera déclaré
» déserteur qu'après un mois du jour de l'expi-
» ration de son congé.

» Ne pourront prétendre à jouir des jours de
» repentir, accordés par le présent article aux
» individus qui auront moins de six mois de ser-
» vice, ceux dont la désertion n'aura pas été in-
» dividuelle, ceux qui auront déserté étant de
» service, et ceux qui auront emporté leur habit.
» Ils seront dénoncés comme déserteurs, après le
» temps fixé pour ceux qui ont plus de six mois
» de service. »

Enfin le même arrêté, sans avoir égard au temps
de service ou à la durée de l'absence, répute (art.
71) déserteur à l'étranger : « Tout sous-officier ou

» soldat qui, sans ordre ou permission par écrit de
» son supérieur, aura franchi les limites fixées
» par le commandant de la troupe dont il fait
» partie, et qui sera arrêté dans les deux lieues
» de l'extrême frontière, allant vers cette fron-
» tière, lorsque sa famille n'aura pas son domicile
» dans ledit espace de deux lieues, et du côté où
» il se dirigeait. »

La désertion la plus simple est la désertion à
l'intérieur, elle n'est punie que de trois ans de
travaux publics (art. 72) : elle s'aggrave des circonstances suivantes :

1° Si elle n'a pas été individuelle;

2° Si le coupable était d'un service quelconque,
ou s'il a escaladé les remparts;

3° S'il est déserté de l'armée ou d'une place de
première ligne;

4° S'il a emporté des effets fournis par l'état ou
par le corps.

Pour chacune de ces circonstances, la peine est
augmentée de deux ans, et il n'est pas rare de
voir le même individu les cumuler toutes dans son
délit.

La désertion simple d'un remplaçant est punie
de cinq ans de boulet, aux termes de l'art. 58
d'un décret du 8 fructidor an 13.

Sont punis de la peine de 10 ans de boulet (art. 69):

1 Le déserteur à l'étranger ;

2° Le déserteur par récidive ;

3° Le déserteur des travaux publics.

Cette peine de 10 ans de boulet est augmentée de deux ans, pour chacune des circonstances ci-après :

1° Si la désertion n'a pas été individuelle ;

2° Si le coupable était d'un service quelconque, ou s'il a escaladé les remparts ;

3° S'il est déserté de l'armée ou d'une place de première ligne.

Enfin sont punis de mort (art. 67) :

1° Le déserteur à l'ennemi ;

2° Tout chef de complot de désertion ;

3° Tout déserteur étant de faction ;

4° Tout déserteur à l'étranger par récidive, ou qui y aura pris du service ;

5° Tout déserteur après grâce. (Décret du 23 novembre 1811).

La peine de mort, en matière de désertion, est purement comminatoire : elle est toujours commuée en dix ans de boulet; et les juges sont tellement habitués à compter, pour le dernier cas surtout, sur la clémence royale, que, s'ils s'intéressent à un déserteur après grâce, dont le crime, du reste, se complique de circonstances aggravantes, ils le condamnent à mort.... par indulgence.

Un soldat remplaçant avait été condamné, pour

désertion, à cinq ans de boulet; il expiait son crime dans sa prison; un an à peine lui restait à subir, lorsque la clémence du prince vint mettre un terme à sa captivité. Rentré dans un régiment, il déserte de nouveau; arrêté, il-est traduit devant un conseil de guerre. Son défenseur, jeune avocat, préoccupé de la peine affreuse réservée à son client, s'attachait surtout à toucher les juges; dans son zèle officieux, il allait jusqu'à contester la légalité du décret de 1811, ou tout au moins jusqu'à en contester l'application à l'espèce qu'il plaidait. Selon lui, on ne pouvait appeler grâce la remise de quelques mois de prison, remise que le déserteur aurait repoussée, s'il avait su qu'il achetait cette faible faveur au prix de sa vie.... etc. etc.

Le capitaine rapporteur lui exposa froidement qu'il n'entendait pas les intérêts de son client : « N....
» dit-il, est déserteur par récidive, il a déserté d'une
» place de première ligne, il a déserté avec un ca-
» marade. Si le conseil ne le condamne pas à mort,
» et c'est à quoi tendent les conclusions de l'avocat,
» il le condamnera immanquablement à quatorze ans
» de boulet. C'est donc lui rendre service que de le
» laisser condamner à mort, *puisque cette peine est*
» *toujours commuée en dix ans de boulet.* »

L'avocat ne répliqua pas, mais il pensa que les législateurs se montreraient plus partisans de la modération dans les peines, s'ils pouvaient se persuader que l'arbitraire est le résultat ordinaire de leur extrême rigueur.

L'art. 39 de la loi de recrutement du 21 mars 1832, considère comme insoumis après un mois de délai, et renvoie devant le conseil de guerre de la division dans laquelle il aura été arrêté, pour y être puni d'un emprisonnement d'un mois à un an, le jeune soldat qui, ayant reçu un ordre de route, ne sera pas arrivé à sa destination, au jour fixé par cet ordre.

Cette disposition est venue enfin mettre un terme à la jurisprudence d'un grand nombre de conseils de guerre qui, par une fausse interprétation de l'art. 19 de la loi de recrutement du 10 mars 1818, et par obéissance aux instructions pressantes du ministre qui les confirmaient dans leur erreur, assimilaient les retardataires aux déserteurs, et les envoyaient aux travaux publics ; jurisprudence plus rigoureuse que la législation de l'empire, puisque, sous la loi de conscription, il y avait pour les retardataires, entre la maison paternelle et les ateliers des travaux, des dépôts de réfractaires dans lesquels les conscrits expiaient leur inaptitude au service militaire, mais où du moins, quoique soumis à une discipline plus sévère, ils étaient considérés comme soldats.

Une question qui a bien souvent été élevée devant les conseils de guerre, est celle de savoir si l'art. 58 du décret du 8 fructidor an 13 est encore applicable aujourd'hui.

Cet article porte la peine de 5 ans de boulet contre le suppléant qui ne rejoindra pas, ou qui désertera après avoir rejoint.

Pour résoudre cette question, il me semble qu'il suffit d'entrer dans l'examen de l'arrêté de vendémiaire an 12 qui est le code complet en matière de désertion ; cet arrêté ne contient aucune disposition relative au suppléant.

D'ailleurs l'art. 58 sur lequel on s'appuie pour aggraver la peine des déserteurs remplaçants, se trouve perdu dans un vaste décret qui n'a eu en vue, ainsi que le prouve son titre, que la levée de la conscription de l'an XIV ; il n'a donc pu survivre à la circonstance qui l'a fait naître, et si aujourd'hui il est encore rappelé comme en vigueur, par l'ordonnance du 21 février 1816, il ne peut avoir d'autre force que celle que lui donnerait cette ordonnance ; or l'on sait que les décisions émanées des ministres sont inhabiles à créer des peines.

J'avoue que je ne vois même pas l'intérêt que peut avoir le législateur à punir d'une peine plus forte le déserteur remplaçant. Sa désertion cause-t-elle à l'état un préjudice plus grave ? non sans doute, au contraire, le remplacé est responsable pendant un an de la fidélité de son remplaçant.

Cause-t-elle un préjudice au remplacé ? on ne saurait le nier, mais ce préjudice est tout civil, tout pécuniaire, et il dépend du remplacé de prendre les précautions que sa position lui commande.

Quoiqu'il en soit, la jurisprudence des conseils de guerre est constante, et la peine de cinq ans de boulet frappe les remplaçants déserteurs, au mépris de l'arrêté de vendémiaire an 12, qui dispose en principe général que la durée de la peine du boulet sera toujours de dix ans.

L'application de cet art. 58, a bien souvent embarrassé les juges.

Nous avons vu plus haut que la peine de dix ans de boulet se trouve augmentée de deux ans, pour chacune des circonstances aggravantes prévues par l'art. 70 ; nous avons vu également que chacune de ces circonstances n'entraine que deux ans de travaux publics à l'égard du déserteur simple, (art. 72).

Supposons qu'un déserteur remplaçant se trouve dans un des cas d'aggravation précités, qu'il ait, par exemple, déserté d'une place de première ligne, quelle peine devra-t-on lui infliger ? sera-ce la peine de cinq ans de boulet, sans s'occuper de la circonstance aggravante ? ou si l'on s'occupe de cette circonstance, les deux ans de *supplément* seront-ils pris dans l'art. 70 ou dans l'art. 72 ? deux ans de boulet ou deux ans de travaux publics ?

Si l'on applique simplement la peine de cinq ans de boulet, sans avoir égard aux circonstances aggravantes , il pourra se faire qu'un déserteur remplaçant soit traité beaucoup moins sévèrement qu'un déserteur servant pour son compte , puisque ce dernier peut cumuler onze ans de travaux publics ; si l'on applique deux ans de boulet , on viole les dispositions des art. 69 et 70 , qui , dans leur combinaison , ne frappent de cette aggravation que les déserteurs à l'étranger , par récidive , ou des travaux public , et non le déserteur simple , qu'il soit ou non remplaçant.

Et , si l'on va chercher la peine aggravante dans l'art. 72 , c'est-à-dire , deux ans de travaux publics par chaque circonstance , on frappe le condamné de deux peines différentes , pour le même délit au fond.

La difficulté devient plus grande encore , si le remplaçant est déserteur à l'étranger. Faut-il , pour le condamner à dix ans de boulet , laisser de côté sa qualité de déserteur ? ou bien cette qualité est elle inhérente en lui , à ce point que le décret de fructidor lui soit seul applicable ?

La jurisprudence et les circulaires ministérielles s'accordent maintenant à considérer le décret de fructidor comme spécial , et à condamner , en conséquence , à cinq ans de boulet , le déserteur remplaçant, quelles que soient les circonstances de sa désertion.

La loi du 15 juillet 1829, qui a apporté plusieurs modifications heureuses au code qui régit l'armée, s'occupe de la désertion, dans les rapports qu'elle peut avoir avec l'enlèvement des armes et effets, appartenant à l'état ou aux camarades.

« Tout militaire, dit l'art. 2 de cette loi, qui aura
» emporté tout ou partie de l'argent de l'ordinaire,
» ou de la solde, ou bien des deniers, des effets,
» des armes, ou emmené un cheval ou des chevaux
» appartenant à un militaire ou à l'Etat, mais qui
» ne lui étaient pas confiés pour son service, sera
» condamné à l'une des peines portées en l'art. pré-
» cédent, (travaux forcés à temps, réclusion ou emprisonnement), suivant les circonstances prévues par
» ledit article », (à savoir si le militaire est ou non
comptable des effets enlevés, ou si les circonstances
paraissent atténuantes).

« Si le militaire mis en jugement, ajoute cet arti-
» cle, a été déclaré en outre coupable de désertion,
» les peines spécifiées en l'art. 1er de la présente loi ne
» pourront jamais être réduites à l'emprisonnement.»

« Tout sous-officier ou soldat, dit l'art. 8 de la
» même loi, déclaré coupable de désertion et qui
» aura emporté, en désertant, son arme ou ses armes
» blanches, ou celles qui lui étaient confiées pour son
» service, sera condamné à une année d'aggravation
» de la peine qu'il aura encourue pour fait de
» désertion.

« La peine sera élevée au maximum lorsque le
» sous-officier ou soldat aura emporté, en désertant,
» l'arme ou les armes à feu, ou emmené le cheval
» à lui confiés pour son service.

Ces articles abrogent le N° 4 de l'art. 67 de
l'arrêté du 19 vendémiaire an 12 qui, renforcé par
un avis du conseil d'état du 22 ventose an 12,
punissait de mort le déserteur, qui aurait emporté ses
armes ou celles de ses camarades.

Ils abrogent également le N° 2 de l'art. 69 du
même arrêté, qui punissait de 10 ans de boulet le
déserteur à l'intérieur, qui aurait emporté des vête-
temens et des effets appartenant à ses camarades.

D'après l'arrêté de vendémiaire, le fait d'avoir
emporté les effets de ses camarades n'était qu'un
accessoire de la désertion ; il a été considéré par la
nouvelle loi comme fait principal, comme vol ; la
désertion n'est plus que l'accessoire de ce crime.

Nous verrons tout-à-l'heure que cette disposition
de l'arrêté de vendémiaire a fourni, jusqu'à son abrogation, un argument contre l'application de l'art. 12
de la loi du 12 mai 1793.

Bien que le premier paragraphe de l'art. 8, qui
punit d'une année d'aggravation de peine le déserteur qui aurait emporté ses armes blanches, soit en
contradiction avec l'arrêté de vendémiaire, qui veut
que la peine du boulet et des travaux publics soit
toujours augmentée de deux ans, il est d'une application facile.

Il n'en est pas de même du *maximum* dont parle le 2me paragraphe, et qui doit être appliqué au déserteur qui aurait emporté son arme à feu, ou emmené son cheval.

Quel est ce *maximum* ?

L'arrêté de vendémiaire an 12, auquel la loi du 15 juillet 1829 est obligée de se référer, puisqu'il est le seul code de la désertion, ne connaît pas de *minimum*, ni de *maximum* ; il porte contre les déserteurs une peine fixe : dix ans de boulet, ou trois ans de travaux public, sauf l'augmentation de deux ans, pour chacune des circonstances aggravantes que nous avons énumérées.

Faut-il, comme l'ont fait certains conseils de guerre, bâtir un *maximum* auquel le législateur n'a pas pensé, en élevant les unes sur les autres toutes les circonstances aggravantes, de manière à constituer une somme totale assez ronde d'années de boulet ou de travaux publics ? non certes... il faut reconnaître que cet article, extrait précipitamment d'un projet de code qui permettait de graduer les peines, ne doit recevoir, dans sa disposition relative au *maximum*, aucune exécution, tant qu'il restera isolé du système auquel il appartient.

Un officier peut-il être poursuivi comme déserteur ?

Si l'on ne s'attachait qu'à l'arrêté du 19 vendémiaire an 12, la négative ne serait pas douteuse.

Cet arrêté, en effet, ne prévoit que les différentes désertions dont peuvent se rendre coupables les sous-officiers et soldats, il ne s'occupe pas des officiers ; mais la double exception apportée dans cet arrêté , et quant à la qualité des justiciables, et quant à la nature des tribunaux , ne détruit pas le principe général des lois antérieures qui punissent la désertion des officiers , et attribuent aux conseils de guerre permanents le droit de les juger.

La loi qui précède le plus immédiatement l'arrêté du 19 vendémiaire est la loi du 21 brumaire an 5.

Cette loi ne parle pas seulement des sous-officiers et soldats, elle comprend , dans son expression générique , *tout militaire*, depuis le général d'armée jusqu'au soldat ou volontaire inclusivement. C'est du moins le sens que donnait à cette expression , *tout militaire* , l'art 1er de la loi du 12 mai 1793 , à laquelle la loi du 21 brumaire n'a point dérogé.

Aux termes de cette dernière loi , deux délits seulement de désertion sont prévus : la désertion à l'ennemi qui est punie de mort, et la désertion à l'intérieur qui est punie de 5 ans de fers.

A supposer ces peines applicables pour ces deux cas aux officiers déserteurs , on demande qu'elle peine serait infligée à l'officier déserteur à l'étranger.

Il existe bien un décret du 2 février 1812, qui porte , « que *tout officier*, *quel que soit son grade*, » *qui sera convaincu* d'avoir formé un complot de

» désertion à l'ennemi , à *l'étranger* , ou à l'inté-
» rieur , ou d'y avoir participé , sera puni de la
» peine capitale ; mais ce décret, par son texte et
même par l'énormité de la peine, n'a eu en vue
que le *complot* de désertion et non la désertion
simple : il n'est donc pas applicable, et la difficulté
reste entière.

Le ministre de la guerre lui même avait si bien
senti l'impossibilité de trouver dans la législation
aucune peine pour ce délit, que dans une circulaire,
en date du 31 mai 1815 , il rappelait aux juges
militaires, qu'ils avaient à leur disposition le décret
du 1er mai 1812, d'après lequel, à son avis, le droit
de punir un délit non prévu appartenait aux conseils
de guerre.

La nouvelle loi, sur l'état des officiers, permet
peut-être de contester, en cas de désertion à l'intérieur, l'application de la loi du 21 brumaire an 5.

Cette dernière loi considère comme déserteur,
tout militaire *qui aurait manqué aux appels pendant un intervalle de 36 heures dans une place de
première ligne.*

Et l'article 1er de la loi du 23 mai 1834 sur l'état
des officiers , fait prononcer par un conseil de
guerre la destitution de l'officier en activité pour
absence illégale de son corps *après trois mois.*

Il est difficile de concilier ces deux dispositions.
Qu'est-ce en effet que la désertion , sinon l'absence

illégale du corps ? et comment pourrait-on punir un officier de 5 ans de fers, pour une absence de 36 heures, aux termes de la loi de brumaire, quand une loi postérieure ne porte contre lui que la destitution, pour une absence de trois mois ? (*)

Le nouveau code pénal militaire contient, sur la désertion des officiers, des dispositions plus en harmonie avec la loi du 19 mai 1834 ; les peines, autres que la destitution, ne sont portées contre les officiers, en cas d'absence illégale, que lorsqu'il est établi qu'ils ont passé à l'étranger ou à l'ennemi ; le législateur a sans doute pensé que l'absence du corps, sans circonstances criminelles, était suffisamment punie par une destitution, qui a pour effet de priver un officier d'un état, acquis souvent par le sacrifice d'une vie toute entière.

(*) Le 2ᵐᵉ conseil de guerre de la 16ᵐᵉ division militaire a pourtant, dans sa séance du 21 juillet 1834, jugé ainsi dans l'affaire de M. F... sous-lieutenant au 1ᵉʳ régiment de chasseurs.

Il est vrai de dire que l'absence illégale était antérieure à la loi du 19 mai 1834. Cette considération a pu motiver contre l'accusé l'application de la loi du 21 brumaire an 5. Toutefois, si l'accusé avait pu se faire défendre (M. F.... était contumax) son avocat n'eût pas manqué de faire observer au conseil que les juges pouvaient, bien que le délit reproché fût antérieur à la nouvelle loi, appliquer cette loi plus douce que l'ancienne, sans blesser le principe de la non rétroactivité des lois ; c'est ce qui résulte d'un avis du conseil d'état, du 29 prairial an 8, et de l'art. 6 d'un décret du 23 juillet 1810 ; c'est ce qui résulte encore de la jurisprudence : Plusieurs arrêts du 28 fructidor an 11, du 7 janvier et du 1ᵉʳ octobre 1813, portent en substance, qu'en cas de différence entre la loi du temps du crime et celle du temps de la condamnation, on doit appliquer la peine la plus douce.

Au reste, l'exemple que je viens de citer est isolé ; les deux conseils de la division ont, depuis, dans des cas identiques, appliqué la loi de 1834, et puni l'officier, coupable d'absence illégale, de la destitution.

Il serait à désirer, pour faire cesser tout doute à cet égard, que le ministre de la justice dénonçât à la cour de cassation le jugement qui a condamné M. F....

Aux termes de la loi de brumaire an 5 , comme de l'arrêté du 19 vendémiaire an 12, les déserteurs étaient jugés par contumace.

Un décret du 14 octobre 1811 ayant défendu de rendre des jugemens par contumace pour les délits de désertion , la question s'est présentée de savoir si ce décret s'étendait aux officiers.

La circulaire du 31 mai 1815 , dont je parlais tout à l'heure , a remarqué avec raison que ce décret se référait exclusivement à l'arrêté de vendémiaire an 12 , arrêté spécial pour les sous-officiers et soldats ; et que dès lors , il laissait subsister , dans toute leur vigueur , les lois antérieures à cet arrêté , dans leurs dispositions qui autorisent le jugement par contumace des déserteurs.

C'est dans ce sens qu'il faut également entendre aujourd'hui l'ordonnance du 21 février 1816 , qui a confirmé le décret du 14 octobre 1811 .

Le délit de désertion étant par sa nature un délit continuel , qui place celui qui le commet dans un état constant de contravention à la loi , le bénéfice de la prescription ne saurait lui être acquis.

La jurisprudence , l'opinion des auteurs et les circulaires ministérielles sont aujourd'hui d'accord sur ce point.

INSUBORDINATION.--Il ne suffit pas de retenir sous les drapeaux, par les peines les plus sévères , les soldats brusquement arrachés à leurs foyers par la loi de recrutement, il faut encore tirer de leur présence tout le parti

possible ; il faut les former, les instruire, les plier
au métier de la guerre par de nombreux exercices ;
il faut les habituer surtout à l'obéissance, condition
sine quâ non de leur état, et qui le distingue de
tous les autres. Quel que soit en effet le poste que
nous occupions dans la société, nul ne peut nous
forcer à faire ce qui nous déplaît, nul ne peut nous
forcer à rester là où nous ne voulons pas demeurer ;
notre engagement se résout de fait et de droit par
notre démission, sauf dommages-intérêts. Il n'en
est pas de même du soldat : rester sous son drapeau,
obéir au chef qu'on lui a fait reconnaître et le
respecter, voilà les deux principaux devoirs qu'il
est tenu de remplir.

Nous avons vu quelles peines étaient attachées à
l'infraction du premier, c'est-à-dire à la désertion ;
voyons par quels châtimens la loi militaire a voulu
prévenir l'infraction au second de ces devoirs, c'est-
à-dire l'insubordination.

L'insubordination est le délit du soldat qui mécon-
naît l'autorité de ses chefs.

Il la méconnait :

1° Par la désobéissance ;
2° Par l'injure et la menace ;
3° Par les voies de fait.

La désobéissance est prévue par l'art. 10 de la
section IV du décret de la Convention nationale du
12 mai 1793, ainsi conçu :

« Tout militaire qui sera convaincu de ne s'être

» pas conformé aux ordres de son supérieur, relatifs
» au service, sera destitué, mis pour un an en prison,
» et déclaré incapable de servir dans les armées de
» la république; et si c'est dans une affaire, en pré-
» sence de l'ennemi, il sera puni de mort. »

La destitution, l'incapacité de servir pour un
simple soldat, voilà de ces mots qui peignent admi-
rablement une époque ! En 1793, il n'était pas une
famille qui n'eût à pleurer quelques uns de ses
membres, morts sur l'échafaud, mais la frontière
était envahie par d'insolens étrangers, et de toutes
parts on accourait pour la défendre.

Au moment du danger, lorsque la patrie avait
besoin de son bras, être déclaré incapable de combattre, être destitué de l'honneur de mourir pour
elle, c'était pour le volontaire un châtiment affreux;
la crainte de l'encourir suffisait pour le retenir dans
le devoir. L'année d'emprisonnement n'était rien
pour lui, où aurait-il osé montrer son front marqué
du sceau de la réprobation ?

Les temps ont bien changé.

La pacifique période de la restauration a modifié
l'esprit de nos soldats. Depuis long-temps cet article,
si redoutable pour les volontaires de Valmy, n'était
plus qu'un bienfait pour beaucoup de militaires.
Combien n'ai-je pas entendu de ces *braves*, qui
comptent leurs services par jours de cachot, d'hôpital ou de salle de police, me demander, avant le

jugement, non de protéger leur innocence, mais de les faire *juger incapables*.

Les conseils de guerre avaient senti que la loi n'était plus en harmonie avec l'époque, et ils avaient trouvé le moyen de rétablir l'équilibre. Ils scindaient de leur propre volonté les dispositions de l'art. 10, et n'appliquaient à la désobéissance que la peine de la prison, sans incapacité.

Ce scindement était raisonnable au fond ; il prouvait que les juges connaissaient parfaitement la nature des choses, mais il était illégal. *Sint ut sunt aut non sint*, disaient les jésuites de leurs statuts ; cette devise doit être celle des lois ; il faut les appliquer telles qu'elles sont, ou éviter de les appliquer.

Les circulaires ministérielles ont toujours blâmé cette manière de juger qui blessait l'honneur des soldats, en supposant qu'ils pussent désobéir exprès pour acheter leur liberté au prix d'une année de prison... Cette susceptibilité est louable ; s'il faut avouer qu'en temps de paix, lorsque le service n'est point relevé par la gloire et les dangers, bien des jeunes soldats préféreraient passer un an en prison que huit ans sous les drapeaux, ce n'est point une raison pour sanctionner cette disposition honteuse des esprits.

Si le législateur doit, dans certains cas, faire les lois pour les mœurs, c'est aussi pour lui un devoir important de rehausser les mœurs par les lois ; et c'est une loi qui ne peut manquer d'exercer l'influence la plus salutaire, que celle qui considère le droit de servir le pays comme tellement glorieux, qu'elle en prive, à titre de peine grave, le soldat insubordonné.

La loi de brumaire an 5, art. 6, prévoit un autre genre de désobéissance que je signale ici, parce qu'à une époque funeste elle honora un illustre général.

En conformité de cet article, et par ordonnance en date du 29 août 1815, le maréchal Moncey fut destitué et condamné à trois mois de prison pour avoir refusé de présider le conseil de guerre chargé de juger le maréchal Ney.

Pour parvenir à obtenir du soldat cette obéissance aux ordres d'un supérieur, il faut l'habituer à le respecter ; il faut punir tout acte menaçant pour la personne d'un chef, ou injurieux pour son caractère. D'après le code de 93, la menace par parole ou par geste était punie, outre la destitution de rigueur, de deux ans de prison ; plus tard elle fut punie de 5 ans de fers par l'article 15 du titre VIII de la loi du 21 brumaire an 5.

« Tout militaire, dit cet article, convaincu d'avoir
» insulté ou menacé son supérieur de propos ou de
» geste sera puni de 5 ans de fers. »

Certes, il faut le dire, cette disposition qui inflige un châtiment semblable pour un geste qu'un soldat grossier se permet dans un moment d'oubli, pour un propos que l'ivresse fait aisément sortir de sa bouche impure, cette disposition est plus que cruelle, elle est absurde ; elle fait presque regretter que l'application de la peine de mort ne soit pas plus fréquente.

En effet, lorsque ce châtiment terrible, irréparable, vient frapper l'auteur d'un attentat à la subordination, injure ou voie de fait, l'intérêt de la discipline explique la sévérité du législateur ; cet attentat deviendrait contagieux s'il n'était réprimé, on sent qu'un exemple prompt est nécessaire, le coupable lui-même le croit, et, victime résignée, il marche à la mort pour le salut de tous. D'ailleurs, aucune idée de honte et de déshonneur ne vient se mêler aux sentimens de compassion qu'il inspire ; il n'est pas ignominieusement chassé de ses drapeaux ; l'habit qui le couvre, le tambour qui guide le cortège funèbre, le fatal peloton devant lequel il se place, tout, jusqu'à la balle qui le frappe, lui rappelle qu'il est soldat, qu'il meurt en soldat.

Mais pour un délit qui n'accuse que la vivacité de celui qui le commet, pour un délit dont les plus honnêtes gens peuvent se rendre coupables, délit que nos lois civiles punissent d'une légère amende ou de quelques jours de prison, dégrader un soldat, le chasser de son régiment, l'envoyer pourrir dans des bagnes infects, l'accoupler à des faussaires, à des assassins, voilà un châtiment affreux, voilà une peine gratuite, absurde, en ce qu'elle est perdue pour l'exemple, puisqu'elle s'expie dans les bagnes, et a pour témoins, non des soldats de cœur qu'elle pourrait corriger de leur brutalité, mais d'infâmes scélérats, qui, voyant le même châtiment punir une faute légère et un crime odieux, s'applaudissent sans doute d'avoir été assez criminels pour mériter leur sort.

Il est juste d'ajouter que ce blâme que j'épanche ici ne tombe que sur la législation, dont l'administration n'a pas tardé à adoucir, par une mesure sage et bienveillante, l'inconcevable sévérité. Dépouillés de la fatale casaque rouge, les condamnés pour insubordination furent d'abord séparés des galériens ordinaires, et enfermés à Lorient dans un bagne spécial ; mais il n'en est pas moins vrai que toutes les conséquences de la peine infamante des fers, *surveillance* et aggravation en cas de *récidive*, continuaient de peser sur eux.

Aujourd'hui les insubordonnés sont toujours punis de 5 ans de fers, mais le bagne est fermé et défense apportée, par une circulaire ministérielle, de procéder à leur dégradation, qui était un commencement d'exécution de leur peine. Les condamnés attendent en prison la décision royale qui commue cette peine en plusieurs années de boulet.

Toujours de l'arbitraire, comme si une fois qu'il est bien reconnu que les fers ne peuvent plus frapper des délits d'insubordination, il était bien difficile de changer la loi ; comme si, sans entrer dans la vaste discussion d'un code tout entier, on ne pouvait extraire du code discuté par la chambre des pairs , les dispositions relatives à l'insubordination , dispositions fort sages , et qui établissent enfin , après quarante ans , quelque harmonie entre le délit et la peine.

Ce que l'on a fait sous le ministère De Caux pour le vol entre camarades et la vente d'effets, ne pourrait-on pas le faire aujourd'hui pour l'insubordination ?

« S'il s'est permis des voies de fait, ajoute le même » art. 15 , il sera puni de mort. »

Quel laconisme ! l'infamie et la mort dans un seul article , et cela sans distinguer envers quel supérieur il a commis le délit, s'il a méconnu les étoiles du général ou les galons du brigadier, s'il a frappé étant de service, sous les armes, ou dans le badinage de la chambrée, dans la familiarité de la cantine ou de la gamelle. La mort, toujours la mort ! Aussi devant ce texte inflexible de la loi que rien ne pouvait briser , combien de sophismes généreux inventés par la défense pour en détourner l'application ! Tantôt , de ce que le mot *voie de fait* se trouvait au pluriel dans l'article , il fallait répétition de la voie de fait ; tantôt , de ce que le même article comprenait et l'injure et la voie de fait , il fallait la réunion de ces deux délits.

Ou bien, heureux soldat, quand il avait frappé non-seulement le caporal ou le sergent , mais encore tous les hommes de garde appelés pour le conduire ! le chef disparaissant au milieu de son escorte, ce n'était plus lui individu, supérieur, c'était la garde, être collectif, qui avait été outragée, et l'on appliquait l'art. 212 du code pénal ordinaire.

Et, quand les besoins de la discipline n'exigeaient pas impérieusement un exemple, les juges se prêtaient à ces sophismes de la défense, d'autant plus volontiers qu'eux, personnellement, protégés par le prestige de leur grade, n'étaient point exposés à ces insultes, qui atteignent le plus souvent les caporaux et sous-officiers.

La même loi de brumaire range encore au titre de l'insubordination, et punit de la mort ou des fers les délits suivans :

La révolte ou désobéissance combinée,

L'attroupement qui ne se dissipe pas à la voix du chef,

L'abandon par une troupe en masse du poste où elle est de service,

La fuite devant l'ennemi,

Le *sommeil* près de l'ennemi,

Enfin le manque d'exécution de la consigne.

Au reste, ce que j'écris est déjà de l'histoire ; il en est de la peine de mort, pour insubordination, comme de celle des fers ; elle est aujourd'hui assez fréquemment prononcée, mais toujours commuée en dix ans de boulet.

2me CLASSE.

J'ai appelé *mixtes* les délits que la loi militaire se réserve de punir, bien qu'ils soient commis en contravention aux lois ordinaires et à la morale commune.

Ces délits offensent :

1° L'État ;

2° Les Camarades ;

3° Les Citoyens.

§. 1. Délits contre l'État.

Ce sont les vols et infidélités dans la gestion et manutention des employés de l'armée, délits pour lesquels les codes de 1793 et de brumaire an V sont prodigues de la peine des fers ; le vol des munitions, prévu par l'art. 1er de la loi du 15 juillet 1829 ;

Les ventes et mises en gage d'effets fournis par l'État ou par le corps, punies si long-temps de la peine des fers et aujourd'hui reprimées par la loi plus douce de 1829.

Longtemps l'art. 13 de la section 3 du titre 1 de la loi du 12 mai 1793 a peuplé les bagnes de malheureux soldats. Une paire de guêtres, un shakos laissé en gage dans une auberge où il était imprudemment entré, sans consulter l'état de sa bourse, exposait le coupable à 5 ou 6 ans de fers et à une infamie éternelle....

[92]

On se rappelle les généreux efforts de nos avocats
les plus célèbres, pour établir l'abrogation de cet article. Isambert le premier, Odilon-Barrot, Ménestrier
à Lyon et nous tous obscurs avocats, dans nos conseils de guerre, nous plaidions, avec des chances
diverses, l'abrogation de cette loi affreuse. Heureux
quand nous pouvions soustraire quelques infortunés
aux accouplemens de Bicêtre.

Enfin, le nouveau code pénal, tant désiré, tant
de fois promis, apparut sur l'horizon législatif; la
chambre des pairs le discuta avec un soin qui lui
fait honneur; mais malheureusement, les circonstances politiques et les embarras du ministère Martignac, empêchèrent qu'il ne fût porté en entier à
la chambre des députés; on songea au moins au
plus pressé et, sous forme de loi interprétative, on
vota d'urgence la loi du 15 Juillet 1829.

Nous avons vu quelles étaient les dispositions de
cette loi qui touchaient à la désertion. Voyons maintenant quelles sont celles qui punissent les vols et
détournemens d'effets appartenant à l'Etat.

Art. 1. « Le vol des armes et des munitions appar-
» tenant à l'Etat, celui de l'argent de l'ordinaire,
» celui de la solde, celui des deniers ou effets quel-
» conques appartenant à des militaires ou à l'Etat,
» commis par des militaires qui en sont comptables,
» sera puni des travaux forcés à temps; en cas de cir-
» constances atténuantes, la peine pourra être réduite

» soit à la réclusion, soit à un emprisonnement de
» 3 à 5 ans.

» Si le vol a été commis par des militaires qui n'é-
» taient pas comptables des deniers ou effets, la peine
» sera celle de la réclusion ; et, en cas de circons-
» tances atténuantes, elle pourra être réduite à un
» emprisonnement d'un an à cinq ans. »

Art. 3. « Tout militaire qui aura vendu, soit le
» cheval, soit tout ou partie des effets d'armement,
» d'équipement ou d'habillement qui lui auront été
» fournis par l'Etat, sera puni de 2 à 5 ans de travaux
» publics.

» Sera puni de la même peine tout militaire qui
» aura acheté lesdits effets.

Art. 4. « Tout militaire qui aura détourné ou dis-
» sipé des effets d'armement, d'équipement ou d'ha-
» billement qui lui étaient confiés pour son service,
» sera puni de 6 mois à 2 ans de prison.

Art. 5. » Tout militaire qui aura mis en gage, en
» tout ou en partie, les effets d'armement, d'équipe-
» ment d'habillement, à lui fournis par l'Etat, sera
» puni de 2 mois à un an de prison.

» Sera puni de la même peine tout militaire qui
» aura mis en gage lesdits effets. »

Art. 6. « Tout militaire qui vendra ou mettra
» en gage, en tout ou en partie, ses effets de petit
» équipement, sera puni de 2 mois à un an de
» prison.

» Sera puni de la même peine tout militaire qui

» sciemment achetera ou recevra en gage les dits » effets. »

Cette loi a rendu à l'armée un immense service : en même temps qu'elle a détourné de la tête des soldats plus imprudents que corrompus une pénalité inexorable , qui flétrissait à jamais un moment d'erreur, elle a affranchi les juges de la pénible alternative où ils se trouvaient engagés d'être, en condamnant, les complices d'une loi Draconienne, ou de trahir, en acquittant, les intérêts de la discipline.

Cette loi de 1829 punit aussi plusieurs délits qui n'avaient pas été prévus par la législation antérieure.

A côté de la peine énorme pour vente ou mise en gage d'effets d'habillement et d'équipement, il y avait impunité pour le même délit , concernant les effets dits *de petit équipement*. Bien que ces effets soient payés par la masse du militaire , on comprend que le besoin du service exige qu'il ne puisse en disposer à son gré.

L'art. 13 de la loi du 12 mai 1793 ne punissait que le fait *constaté* de vente ou de mise en gage.

L'art 4 de la loi de 1829 punit le fait de *détournement* ou de *dissipation* ; c'est le cas où un soldat ne représente pas , lors de l'inspection de son sac, les effets qui lui ont été confiés, bien qu'on ne puisse prouver qu'il les ait vendus ou mis en gage; c'est le cas où il lacère, brûle, met hors d'état de servir ces mêmes effets , et cause ainsi à l'État un grave préjudice.

Mais cette prévoyance du législateur ne s'est pas

étendue aux effets de petit équipement. L'article 6
punit la vente et la mise en gage de ces effets, et
ne parle pas de leur détournement et dissipation ;
en un mot, du délit de non représentation à l'égard
de ces mêmes effets.

Cette lacune a souvent embarrassé les conseils de
guerre, et motivé l'application du décret du 1er mai
1812, sur lequel nous aurons l'occasion de revenir.

Il est un autre délit contre l'État, assez commun,
surtout dans les compagnies de discipline, c'est le bris
des portes et des fenêtres des prisons et salles de police, c'est la démolition partielle des murs de clôture.

Les conseils de guerre sont dans l'usage d'appliquer à ces sortes de délits les dispositions de l'art.
257 du code pénal ordinaire.

§. 2. Délits contre les Camarades.

L'art. 12 de la loi du 12 mai 1793, punissait
de 6 ans de fers tout militaire convaincu d'avoir volé
l'argent de l'ordinaire de ses camarades ou tout autre
effet à eux appartenant.

Vol simple, vol avec escalade ou effraction, vol
minime, vol considérable, toujours 6 ans de fers.
Qu'arrivait-il ? ce qui arrive toutes les fois qu'une loi
n'est pas en harmonie avec les mœurs. On escobar-
dait avec elle, on suivait ses dispositions à la lettre,
afin de recourir plus facilement au code pénal ordinaire. Ainsi, il fallait que le vol fût commis au préjudice d'un *camarade* et non d'un inférieur ni d'un
supérieur ;

Il fallait que l'argent volé fût de l'argent de l'ordinaire. Enfin, on cherchait tous les moyens d'éluder
l'application de la loi militaire.

D'autrefois on soutenait l'abrogation de cet article
par l'art. 69 de l'arrêté de vendémiaire an 12.

Cet article en effet ne punit que de 10 ans de boulet le déserteur à l'intérieur qui aurait emporté des
vêtemens ou des effets appartenant à ses camarades ;
or, le boulet est une peine correctionnelle , très-
souvent remise aux condamnés ; la peine des fers au
contraire est infâmante , elle flétrit à jamais celui
qu'elle frappe. N'était-il pas naturel de penser qu'une
loi postérieure, en portant une peine plus douce
contre le même délit, aggravé encore par la désertion , ait voulu abroger implicitement la loi antérieure ?

La loi du 15 juillet est encore venue interprêter,
dans le sens le plus favorable aux soldats , cette
question soulevée devant les conseils de guerre par
le zèle des avocats.

Le vol de l'argent de l'ordinaire , celui des *deniers*
ou effets quelconques , appartenant à des militaires ,
commis par des militaires , est puni suivant les circonstances , des travaux forcés , de la réclusion ou
même de l'emprisonnement.

Les autres délits commis envers les camarades ,
les voies de fait , par exemple , ou les rébellions
envers la garde , sont punis par les dispositions du
code pénal ordinaire.

§. 3. Délits contre les Citoyens.

Parmi ces délits les uns attentent à la liberté et à la sûreté des citoyens ; ils sont punis, aux termes de la loi du 12 mai 1793, de 6 mois de prison ; de 2 ans de fers, s'il y a eu voie de fait ; de mort s'il y a eu assassinat.

Les autres ne concernent que la propriété.

C'est le cas où un soldat vole l'habitant chez lequel il est logé, la peine est de 10 ans de fers,

C'est le délit du soldat qui prend *par fraude* à boire et à manger chez l'habitant ; qui fait un *pouf*, pour me servir de l'expression consacrée, soit en garnison, soit en cantonnement, il est puni de 3 mois de prison, de 6 mois s'il y a menace, et de 2 ans de fers s'il y a voie de fait.

Enfin c'est le viol, prévu par la loi de brumaire, an 5, et puni, art. 4, titre 5, de 8 ans de fers, et de 12 ans, s'il a été commis sur une jeune fille de moins de 14 ans, et de mort, si la victime a succombé.

Si quelque chose étonne, dans les dispositions des lois militaires que nous venons d'énumérer, ce n'est pas tant la rigueur des peines portées contre les soldats qui se livrent à ces excès, que la nécessité où se trouvent les victimes de venir en demander la réparation devant les tribunaux militaires.

Il est pénible pour le citoyen, blessé par le sabre qu'un préjugé barbare laisse encore dans les mains d'un soldat, hors le temps de son service, d'avoir à réclamer vengeance auprès d'un tribunal militaire qu'il peut suspecter de partialité pour le coupable.

Comment veut-on qu'une jeune fille que toute la gravité de nos conseillers en robe noire, peut à peine rassurer contre les reproches de sa propre pudeur, vienne dans le sein d'un camp ou d'une caserne, devant des officiers, accuser un soldat d'un attentat dont les détails amèneront sur la bouche des magistrats improvisés plus d'un sourire équivoque.

Sans doute elle préfèrera l'impunité du coupable au scandale d'un jugement dont elle serait la principale actrice.

Si l'excellente discipline de nos soldats, les bons exemples qu'ils reçoivent de leurs chefs, et, par-dessus tout, le noble caractère du soldat français rendent cette dernière espèce de délit fort rare, il n'en est pas de même des voies de fait envers les citoyens. Souvent des militaires se disputent dans les cabarets, mettent le sabre à la main et menacent la vie de tous ceux qu'ils rencontrent. Arrêtés, ils sont punis, je le sais, et quelquefois d'une peine terrible ; mais leur condamnation est un malheur de plus à déplorer.

Forcément attaché à son sabre, le soldat doit-il, raisonnablement, subir la peine de l'imprévoyante vanité de ceux qui l'obligent à le porter?

C'est à l'autorité militaire à comprendre que le soldat n'est point la vertu personnifiée, qu'il a ses défauts, ses vices, comme tout citoyen, qu'il les a plus violens peut-être à raison de sa jeunesse et de ses habitudes ; que s'il est ivre ou furieux, il saisira son sabre, comme un bourgeois saisirait un bâton ou le pot qu'il vient de vider ; que sa culpabilité n'en est pas plus grande, mais que ses coups sont plus funestes, souvent irréparables.

A ces considérations qui intéressent autant les soldats que les citoyens, on répond : le sabre laissé aux soldats des compagnies d'élite est un ornement qui les flatte, et qui entretient leur ardeur martiale. Cette distinction les rend capables des plus grandes choses, et puis, il ne faut pas laisser le soldat désarmé devant le bâton ou le couteau du paysan ou de l'ouvrier.

Je comprends ces objections ; mais ne serait-il pas possible de rechercher d'autres distinctions qui ne fussent pas exposées à se teindre de sang français.

Quant à la nécessité de protéger le soldat contre les armes *bourgeoises* ; est-il donc si souvent victime d'agressions ? et la loi civile, qui ne laisse aucun crime impuni, n'est-elle pas là pour protéger de son égide le soldat comme le citoyen ?

3ᵐᵉ CLASSE.

Faux Témoignage.

La nature toute spéciale de la procédure suivie par quelques conseils de guerre, en matière de faux témoignage, m'engage à dire ici quelques mots sur ce délit que l'extrême sévérité des lois militaires rend assez fréquent.

Un soldat traduit devant un conseil de guerre, pour insubordination, a toujours à opposer aux témoins de l'accusation, ce qu'il appelle ses *témoins*.

Ce sont des camarades, amateurs de changement, et qui, pour le plaisir de vivre quelques jours en subsistance dans une grande ville, se déclarent prêts à attester la moralité ordinaire du prévenu.

Ce sont des habitués de salle de police qui, justes appréciateurs de l'ivresse, déposeront qu'il était ivre-mort au moment où il a commis le délit.

Ce sont enfin, plus rarement sans doute, des amis dévoués qui, pour sauver un *pays* de la mort ou de l'infamie, viennent dire hardiment qu'ils n'ont pas vu frapper, qu'ils n'ont pas entendu insulter le supérieur, et osent démentir les allégations de ce dernier.

Ce sont enfin, pour me servir de l'expression du greffier, alors que, dans la lecture des pièces, il arrive à leur catégorie, ce sont des témoins à *décharge*.

Cette expression résume la moralité des témoins et le mérite de leurs dépositions, à tel point que j'ai entendu un jour un président demander sérieusement s'ils devaient prêter serment.

Si l'on ne peut trop s'élever, en thèse générale, contre les fausses dépositions qui égarent la justice, il faut dire aussi que la rigueur des peines inspire de la compassion pour celui qui va en être la victime ; que des rapports de tous les jours établissent entre les soldats une grande amitié et une haine commune contre les supérieurs trop sévères ; qu'enfin ils ne mesurent pas la portée de l'action qu'ils commettent, et le plus souvent se rétractent, lorsque le capitaine-rapporteur, d'une voix solennelle, leur donne lecture de l'art. 361 du Code pénal.

Telle était l'espèce de tolérance que l'on avait pour ce délit dans la 16ᵐᵉ division militaire que, pour le rendre plus rare, sans recourir à la sévérité de la loi, on se contentait, sur l'ordre du lieutenant-général, de faire entendre par commissions rogatoires les témoins à décharge appartenant aux pionniers et fusiliers de discipline, corps dans lesquels la camaraderie est plus intime par suite de l'espèce de réclusion dans laquelle ils vivent ; et si, par hasard, ils réussissaient à faire le voyage de Lille , le capitaine-rapporteur usait d'un moyen bien fait pour les dégouter à l'avenir des fonctions officieuses qu'ils venaient remplir. Pour de moindre sujet de désordre, et les disciplinaires sont gens à en fournir plus d'un, il les faisait détenir dans les prisons de la citadelle.

Tout cela n'était peut-être pas très-légal, mais au moins on enlevait à de malheureux et ignorans soldats l'occasion d'encourir une peine que n'aurait pas manqué d'appeler sur leur tête leurs dépositions de complaisance.

Malgré toutes ces précautions, un jour, dans l'affaire du nommé Cordier, disciplinaire, en opposition avec tous les témoins à charge qui déposèrent que Cordier avait mis le poing sous le menton du caporal Anus, deux témoins à décharge, les nommés Gineste et Charve, s'obstinèrent à prétendre que le prévenu n'avait point menacé Anus, et que le geste reproché avait été adressé à Gineste.

Le conseil, sans s'arrêter à ces dernières dépositions, condamna Cordier à 5 ans de fers, et le président, séance tenante, fit arrêter les deux témoins comme suspects de faux témoignage ; procès-verbal fut dressé selon la loi et envoyé au général commandant la division, lequel donna ordre d'informer.

Jusque-là tout était régulier, Gineste et Charve n'étaient que prévenus, une information impartiale allait établir leur culpabilité, des juges sans prévention allaient prononcer sur leur sort....

Par une fausse interprétation du décret du 3 germinal an 2, les nommés Gineste et Charve furent renvoyés devant le conseil de guerre qui avait requis leur mise en accusation. Les seuls témoins entendus furent les témoins à charge qui avaient déposé dans l'affaire Cordier, et, dénouement facile à prévoir, les prévenus furent déclarés coupables de faux témoignage et condamnés à cinq ans de travaux forcés. Pouvait-il en être autrement? En condamnant Cordier, les juges du conseil n'avaient-ils pas également condamné les témoins qui déposaient en sa faveur. Acquitter ces derniers, n'était-ce pas casser implicitement le premier jugement?

Ils furent donc condamnés ; leur pourvoi fut rejeté par le conseil de révision.

Peut-être ces malheureux étaient-ils coupables, peut-être méritaient-ils une peine ; mais la procédure qu'on a suivie contre eux offrait-elle toutes les garanties ? était-elle bien régulière ? La raison dit non ; voyons si la loi sera d'accord avec la raison.

L'accusation s'est appuyée sur l'art 3 du décret du 3 germinal an 2, qui prescrit la manière de procéder, à l'égard des faux témoins, devant les tribunaux criminels militaires.

« Si le prévenu est militaire ou s'il est employé » ou attaché à la suite de l'armée, il sera, en vertu » du mandat d'arrêt, et sans autre formalité, traduit » *au tribunal criminel militaire devant lequel il a* » *déposé*, et l'acte d'accusation sera dans ce cas » dressé par le président. »

Or, disait l'accusation, il n'y a plus maintenant de tribunaux criminels militaires, ils sont remplacés par les conseils de guerre permanens, le vœu de la loi a donc été suivi, quand on a traduit les prévenus au conseil devant lequel ils avaient déposé.

Si tel est le vœu de la loi, il n'y a rien à répondre ; il faut demander qu'on la change, car elle est mauvaise. Autant vaut en effet envoyer ceux qu'on soupçonne de faux témoignage aux galères sans jugement, que de les renvoyer devant des juges qui d'avance les ont condamnés ; il y aurait économie de temps et de frais.

Mais ou je me trompe étrangement, ou cette interprétation de la loi de germinal est fausse ; il n'y a pas la moindre analogie entre les tribunaux criminels militaires et les conseils de guerre. Sous l'empire de la loi du 3 pluviose an 2, organisatrice des tribunaux criminels militaires, il y avait un jury d'accusation et un jury de jugement qui étaient renouvelés à chaque affaire. On conçoit tout de suite la différence.

Au même tribunal où il était traduit pour faux témoignage, l'accusé ne rencontrait plus les mêmes juges, tout au plus y rencontrait-il le même président, dont la mission se bornait à appliquer la peine.

Les inconvéniens graves que je signalais tout-à-l'heure n'existaient donc pas pour les tribunaux criminels militaires. Devait-on, maintenant que ces tribunaux n'existent plus, suivre la même procédure pour les conseils permanens qui jugent sans le concours du jury ? Non, certes.

[105]

Et l'intérêt de l'accusé, autant que la raison, autant que la justice, exigeait que l'autorité supérieure remît la connaissance des affaires de faux témoignage à celui des deux conseils qui n'avait pas connu de l'affaire principale.

C'est un droit que la loi lui donne de choisir, et jamais elle ne pouvait user plus raisonnablement de ce droit. Il paraît, au reste, que la monstruosité de la procédure dont j'ai parlé, a frappé l'autorité militaire; car, depuis, d'autres accusés ont été renvoyés devant le conseil qui n'avait pas connu de la première affaire. — C'est fort bien ! mais Gineste et Charve, où sont-ils ?

VI.

PEINES.

—

Les peines en matière militaire sont :

La mort ;

Les fers ;

La détention ;

Le boulet ;

Les travaux publics ;

L'emprisonnement simple, ou avec la destitution, ou avec la destitution et l'incapacité de servir ;

Enfin la destitution.

Le condamné à mort est passé par les armes.

La section 6 du titre 1er du décret de la convention nationale, du 12 mai 1793, prescrit les formes suivantes pour l'exécution.

Art. 1er . . . .

Art. 2 « Il sera commandé quatre sergens, quatre » caporaux et quatre fusiliers les plus anciens de ser- » vice, pris à tour de rôle dans la troupe du prévenu,

» autant que faire se pourra , sinon toujours dans
» la troupe présente sur les lieux où l'exécution devra
» se faire. »

Art. 3. « On placera ces douze militaires sur deux
» rangs ; ce sont eux qui seront chargés de faire feu
» sur le coupable , quand le signal leur en sera
» donné par l'adjudant. »

Ainsi , c'est à des soldats que la justice militaire
remet le soin de sa vengeance : ils fusillent à dix
pas le camarade que la sentence désigne, souvent
même ils l'achèvent à bout portant , et , chose étonnante, l'opinion publique ne leur réserve rien de
ce mépris dont elle accable l'homme de la justice
ordinaire. Eux-mêmes, sans doute , ne se demandent
pas compte de ce qu'ils font : soldats , ils cèdent à
leur premier devoir, l'obéissance. Leur victime,
quel crime a-t-elle commis ? souvent une légère voie
de fait , sur un supérieur , sur un caporal.

La législation actuelle , empreinte qu'elle est de
l'esprit de l'époque où elle prit naissance , ne prévoit
pas , que je sache , le cas où un militaire, commandé
pour l'exécution d'un condamné , refuserait de remplir ce triste ministère ; le nouveau code , se conformant en cela au changement que vingt années de
paix et de liberté ont dû apporter aux mœurs et aux
idées des militaires , présentait au chapitre de la
révolte et de l'insubordination, un article ainsi conçu :

Art. 48. « Tout militaire , commandé pour l'exécu-

» tion d'une condamnation capitale , qui mettrait
» obstacle à son exécution par son refus d'obéir , ou
» *de toute autre manière* , sera puni de 3 à 5 ans de
» boulet ; si ce refus n'a pas empêché l'exécution , le
» coupable sera puni de 2 à 5 ans de travaux publics ;

Mais sur la proposition de la commission qui pensa qu'il y avait quelque chose qui répugnait aux convenances de faire de cette désobéissance *un délit à part*, l'article qui punit la désobéissance, en général, suffisant à la répression de cette désobéissance particulière , cet article 48 fut supprimé , et le délit qu'il prévoyait implicitement compris dans la disposition de l'art. 42, ancien article 49 du projet , ainsi conçu :

« Dans tous les cas autres que ceux prévus par les
» articles précédens (art. 40 , 1er paragraphe : refus
d'obéir à la 1re sommation de la part des militaires
en armes , agissant de concert ; art. 41 , refus formel d'obéir en présence de l'ennemi) , toute déso-
» béissance, accompagnée d'un refus formellement
» exprimé d'obéir , sera punie d'un emprisonnement
» de 3 mois à un an. »

C'est la grande disproportion entre le crime et le châtiment , qui a soulevé tous les esprits contre la *barbarie* du code militaire.

On s'est rappelé Beccaria, et quand on a commencé à douter du *droit* que pouvait avoir la société de mettre à mort le plus infâme scélérat , on a frémi de voir le glaive de la loi tomber sur de pauvres soldats , coupables seulement d'un moment de vivacité.

[110]

Je n'ai point l'intention d'entrer ici dans les discussions qu'a soulevées la peine de mort.

J'admettrai tous les raisonnemens sur lesquels de généreux philantropes ont cherché à établir que la société n'avait pas le droit de mettre à mort le plus impur de ses membres , que si elle avait pu avoir ce droit, il lui était enfin permis d'y renoncer, et de remplacer la peine capitale par des châtimens plus en harmonie avec nos mœurs et avec le progrès des lumières , mais je maintiendrai que cette peine doit subsister pour réprimer les délits militaires.

Il est impossible d'appliquer à un corps armé les règles qui régissent une société pacifique ; les idées de droit et d'humanité , à l'aide desquelles on parviendra, dans la société civile , à obtenir l'abolition de la peine de mort, s'accordent peu avec les idées de force et de destruction sur lesquelles repose l'armée.

Oserai-je dénier le *droit* de condamner un coupable au juge militaire, qui, d'un signe de tête , envoie à la bouche d'un canon des soldats dont le devoir est d'obéir,

Objecter l'irréparabilité de la peine à celui qui fait profession de mépriser la vie ,

Montrer le danger d'endurcir par la vue du sang à celui qui porte un sabre à son côté,

Enfin proposer de substituer à cette peine une autre aussi efficace, la prison pénitentiaire, par exemple , lorsque , le plus souvent , le délit est un acte de vivacité, conçu et exécuté en un instant, et qui a besoin, non d'une longue expiation, mais d'un châtiment prompt et sévère ?

Non, le soldat qui sous son uniforme n'en est pas moins citoyen, continuera à jouir en cette qualité des bienfaits dus au perfectionnement des sciences morales, il trouvera, pour les fautes de l'homme, des châtimens plus doux, plus proportionnés peut-être ; quant aux délits qu'il commettra sous les armes, il subira toujours les formes rigides et inflexibles de la société militaire, et la peine de mort est une conséquence logique de l'état qu'il a embrassé.

Le genre d'exécution usité en matière militaire enlève à la peine de mort ce qu'elle a de plus révoltant ... Combien de guerriers qui, comme le brave Custines, s'abandonneraient à une faiblesse bien naturelle, à la vue d'un hideux échafaud, marchent sans trembler au supplice dont ils ont déja fait l'apprentissage devant les bataillons ennemis ; et ce qui vient encore soutenir leur courage, c'est l'idée généralement admise que la mort par les armes n'est point infamante. Nous avons vu les plus illustres victimes de nos réactions politiques, se glorifier de mourir de ce qu'ils appelaient de la mort du soldat, soit que pour ces malheureux la nature légère des délits que frappe ordinairement cette mort la rendît moins honteuse, soit qu'elle fût anoblie par la qualité des exécuteurs. Quelle que soit, au reste, la source de cette opinion qui exempte du déshonneur la mort militaire, il n'en est pas moins vrai qu'aux termes de notre législation actuelle, cette peine, prononcée contre un insubordonné ou contre un assassin, est une peine *infamante*, comme la mort par la guillotine ; ainsi, du moment qu'un soldat déclaré coupable est condamné à mort, n'importe pour quel délit, il est soumis à toutes les peines accessoires dont la loi aggrave la peine de mort, notamment à la mort civile ; et s'il est décoré, la fatale formule prescrite par l'arrêté de ventôse an 12 , le chasse des rangs de la légion d'honneur.

Cette exacte parité dans le sort des individus coupables de délits d'une nature souvent si peu semblable, n'est pas juste, il faut en convenir. Autant il est pénible de voir la loi flétrir le révolté, l'insubordonné, autant il est scandaleux de voir l'opinion laver le vil assassin de l'infamie que mérite son crime à cause du genre de mort qu'il subit. Si leurs délits ne peuvent être réprimés que par la mort, qu'au moins cette mort ne soit pas la même ; qu'une différence dans l'appareil et dans les conséquences, signale la différence qui existe entre les crimes.

Les auteurs du nouveau code avaient bien senti la nécessité de réformer sur ce point la législation actuelle.

Après avoir porté dans l'art. 3 que tout condamné à la peine de mort serait fusillé, ils avaient ajouté

article 4 « la peine de mort prononcée par les tribunaux
» militaires, n'entrainera la dégradation que dans les
» cas suivans : »

1° « Lorsqu'elle sera prononcée en vertu des dis-
» positions du code pénal ordinaire. »

2° « Lorsque la présente loi le prescrira par une
« disposition expresse. »

Or, deux genres de délits sont punis de mort par
le nouveau code, lequel, on le sait, ne prévoit que
les délits militaires, les délits communs étant renvoyés
à la connaissance des tribunaux ordinaires.

Les uns, purement militaires, moins graves par
la nature du fait, en lui-même, que par les conséquences qu'il peut entrainer, que la loi martiale doit
punir, sans que pour cela la morale les réprouve, et
appelle sur eux les châtimens les plus rigoureux ;
ce sont :

La violation d'une consigne en présence de l'ennemi ;

Les violences à main armée envers une sentinelle
ou védette ;

Les voies de fait, *pendant le service,* envers un
officier ou sous-officier.

Les autres délits, aussi graves que les premiers
par leurs conséquences, puisqu'ils causent la ruine
des armées, sont en même temps flétris par la conscience publique, c'est la trahison, l'espionnage, la
désertion à l'ennemi.

8

Pour les uns comme pour les autres, la chambre des pairs a porté la peine de mort ; mais adoptant la distinction présentée par les auteurs du projet, elle n'a voulu appliquer la dégradation qu'aux derniers, en le déclarant expressément à chacun des articles qui les concernent.

Au premier abord, le but des législateurs parait rempli ; on voit avec plaisir les délits purement militaires, exempts de l'infamante dégradation, qui, désormais, ne doit flétrir que des délits infamans par eux mêmes. Malheureusement, la distinction empruntée au code pénal ordinaire entre les peines pour crimes et les peines pour délits, c'est-à-dire entre les peines infamantes et les peines correctionnelles, ne tarde pas à venir contrarier, par l'inflexibilité de sa classification, les bonnes intentions du législateur.

Nous nous arrêterons un instant sur ce point qui nous offre l'occasion de critiquer une des bases principales du nouveau code militaire.

Tout le monde comprend que les délits militaires sont des délits tout particuliers, et qui ne ressemblent en rien aux délits communs qui trouvent leur châtiment dans notre code pénal ordinaire.

La conséquence la plus naturelle de cette spécialité dans les délits, serait une spécialité dans les peines ;

En un mot, une séparation, une indépendance complète entre les deux codes ;

Jusqu'ici, la nature spéciale des délits militaires,

le caractère tout différent des peines qui, pour la plupart, avaient été puisées dans les codes antérieurs à celui de 1810 ; enfin, l'art. 5 de ce dernier code, qui porte expressément que ses dispositions ne *s'appliquent pas aux contraventions et crimes commis par des militaires ;* toutes ces considérations avaient paru à beaucoup de bons esprits, impliquer la preuve de cette séparation, et c'était avec étonnement que l'on avait vu la cour de cassation étendre les règles générales du code de 1810 aux délits militaires, dans l'affaire d'Antoine Long, coupable de vol, et déclarer applicable dans toute sa rigueur, l'art. 56 relatif à la récidive, à ce malheureux, qui, étant militaire, avait encouru une condamnation à 5 ans de fers pour insubordination. (Arrêt du 2 juillet 1829).

Les rédacteurs du nouveau code militaire avaient un motif de plus pour isoler entièrement les délits militaires du code pénal ordinaire, c'était la restriction apportée à la compétence des conseils de guerre, désormais bornée à la connaissance des délits purement militaires.

Il n'en a point été ainsi, loin de là ; ils ont cherché à faire disparaître tout ce qui pouvait établir quelque différence entre les deux codes, soit dans l'application, soit dans les conséquences, et ils y sont parvenus en adoptant les deux catégories du code pénal, peines pour crimes et peines pour délits, et en rangeant dans l'une ou dans l'autre, les peines spéciales de la justice militaire.

Cette classification, nous aurons occasion de le voir, entraina la chambre dans de graves difficultés.

Nous parlions tout à l'heure de l'intention de la chambre des pairs de n'appliquer l'infamie avec la peine de mort qu'à certains délits expressément désignés ; eh bien ! cette intention ne pourra recevoir aucun effet.

Que la dégradation soit ou non prononcée contre un coupable condamné à mort, il n'en sera pas moins évident que la peine qu'il doit subir est rangée dans la série des peines pour *crimes* ; que par conséquent elle est *infamante* ; que dès lors, les incapacités que la loi attache à cette espèce de peines, sont encourues, ainsi que l'expulsion de la légion d'honneur ; et cela, même à l'égard du soldat dont le crime n'aura pas paru au législateur mériter la dégradation. Quelle différence établit-elle entre ce soldat et le déserteur à l'ennemi ? aucune. Celui-ci subira de plus une cérémonie tout extérieure qui retardera de quelques instans son supplice, mais qui n'attachera sur lui aucune idée d'infamie qui ne résulte déjà *légalement* pour l'un et pour l'autre de leur condamnation à la peine de mort.

Supposons maintenant cette classification écartée ; rien n'empêche plus le législateur de rendre réelle cette distinction que j'ai montré n'être qu'apparente entre les deux coupables dont je viens de parler.

S'il reconnait que les délits purement militaires ont besoin d'une répression prompte et sévère ; que la briéveté, la rapidité du crime exigent l'*intensité*, l'*exemplarité* du châtiment, qu'il porte contr'eux la peine de mort, rien de plus efficace , surtout dans un pays où l'on aime mieux le *tranchant* que le *plat* du sabre ; où les peines corporelles qui ne tuent pas, flétrissent ceux qui frappent comme ceux qui sont frappés.... Mais que là s'arrête sa sévérité ; pas d'incapacité, pas d'infamie. Que le condamné, pour délit purement militaire, conserve ses grades, ses honneurs, qu'il marche au supplice, au pas, au son du tambour ; qu'en tombant, son uniforme lui serve de linceul ; et que pour sa famille il soit toujours mort sous ses drapeaux, mort pour son pays, mort comme une victime qui a scellé de son sang le maintien de la discipline.

Au contraire , qu'à la même peine qui frappe l'espion et le déserteur à l'ennemi , se joignent la dégradation et toutes ses rigueurs ; que le condamné, conduit au milieu de ses camarades, se voie arracher les insignes de ses grades et de ses décorations ; que son épée soit brisée, son uniforme foulé aux pieds ; qu'il ne livre enfin aux exécuteurs qu'un corps deshonoré.

Au moyen de cette aggravation , on comprend qu'une peine, la même au fond , puisse frapper deux crimes bien distincts.

Des Fers.

Le code de 1791 appelait ainsi la peine que nous connaissons sous le nom de *travaux forcés*.

Cette peine, qui n'existe plus aujourd'hui qu'à l'égard des militaires, offre pourtant quelque différence avec la peine qui la remplace dans le code de 1810.

Elle descend jusqu'à 2 années et ne peut s'élever au-dessus de 24 ; celle des travaux forcés est toujours prononcée pour 5 ans au moins, et 20 ans au plus. Elle peut, à la différence de la première, être prononcée à perpétuité.

Enfin, la peine des travaux forcés est, en outre, toujours suivie d'une surveillance que la loi de 1791 ne joint pas à celle des fers.

Au reste, comme la peine des travaux forcés, elle est afflictive et infamante.

J'ai blâmé ailleurs l'absurde rigueur de cette peine appliquée aux délits militaires. Je remarque au nombre des délits qu'elle frappe, d'après la loi du 21 brumaire an V, *le sommeil de la sentinelle* près de l'ennemi...

L'accessoire obligé de la peine des fers c'est la dégradation.

« Toute condamnation d'un militaire à la peine
» des fers, dit l'art. 21, du titre 8 de la loi du 21 bru-
» maire an 5, emportera dégradation aussitôt après la
» sentence rendue. »

Je ne connais aucune loi qui s'explique sur les formes de cette dégradation ; on s'en réfère aux vieilles traditions qui se sont perpétuées dans l'armée.

Par un jour de parade, devant les soldats de la gar nison rangés en bataille sur la place d'armes, la garde amène le condamné revêtu de son uniforme. Le tam - bour bat : à genoux, dit le rapporteur, et le condamné, la tête découverte, écoute la lecture de son jugement.

Bientôt un caporal s'approche, passe au condamné sa giberne et la lui fait descendre le long du corps, lui place dans la main un fusil qu'il retourne la crosse en l'air, puis après lui avoir arraché le collet de son habit et les boutons au *numéro* du régiment, il lui donne un coup de crosse, comme pour le chasser honteusement des rangs de l'armée, et toute la troupe défile autour du patient, en jetant sur lui un regard de pitié.

S'il s'agit d'un sous-officier, on arrache de plus les insignes de son grade.

J'ai vu sur la place publique de Strasbourg dégrader un capitaine-trésorier, condamné pour malversations ;

A toutes ces formalités honteuses, l'adjudant sous-officier, chargé de l'exécution, en ajouta une autre ; il brisa sur son genou l'épée du félon et en jeta au loin les éclats.

Il y a dans cette cérémonie quelque chose qui rappelle les anciens usages de la chevalerie, et qui est de nature à faire une vive impression sur l'esprit des militaires, en général nourris de sentimens élevés, et pour lesquels l'honneur est le premier des biens. Un bon système pénal, en matière militaire, s'abstiendrait des peines de longue durée, et ferait un plus fréquent usage de ces peines extérieures qui ont l'avantage d'imprimer aux soldats une terreur plus grande que la mort, sans offenser l'humanité par l'effusion du sang, et qui de plus sont réparables.

Le code militaire Belge, pour certains délits, condamne les soldats à se voir enlever leur cocarde publiquement, à la parade. Mais il prévoit le cas où cette cocarde leur sera rendue, publiquement aussi et à la parade. Pourquoi n'en serait-il pas de même chez nous de la dégradation, pourquoi le repentir et la bonne conduite d'un condamné ne le feraient-ils pas réhabiliter publiquement ?

Le retour dans les rangs d'un camarade puni serait une leçon vivante qui protégerait la discipline plus efficacement que ne pourraient le faire les peines les plus dures.

Lorsqu'un soldat a été condamné, par un conseil de guerre, aux travaux forcés ou à la réclusion, en vertu des dispositions du code pénal ordinaire, est-ce la peine de la dégradation, ou celle du carcan que les juges doivent prononcer comme accessoire de la peine principale ?

Pour bien comprendre cette question et la résoudre dans son sens le plus légal, il faut se rappeler : 1° les dispositions des lois, décrets et avis du conseil d'état des 3 pluviose en 2, 1ᵉʳ mai et 22 septembre 1812, lesquelles décident en principe que les conseils de guerre doivent recourir aux lois ordinaires dans les cas non prévus par les lois militaires.

2ᵉ L'article 21 du titre VIII de la loi du 21 brumaire an V, ainsi conçu : « Toute condamnation d'un » militaire à la peine des fers emportera dégradation » aussitôt après la sentence rendue. »

3° Enfin, l'art. 22 du code pénal ordinaire qui porte que « quiconque aura été condamné à l'une des peines des travaux forcés à perpétuité, des travaux forcés à temps, ou de la réclusion, avant de subir sa peine, demeurera, pendant une heure, exposé aux regards du peuple sur la place publique, etc. »

Voici, en fait, dans quelles circonstances s'est présentée cette question résolue, comme nous le verrons plus tard, par la cour de cassation.

Les nommés Bonnefoi, Vernouillet et Hénault, soldats au 12ᵐᵉ régiment de ligne, avaient été traduits le 22 décembre 1829. devant le 1ᵉʳ conseil de guerre de la 16ᵐᵉ division militaire, comme prévenus de vol avec violence sur la personne d'un de leurs camarades.

Le conseil de guerre les déclara coupables, mais soit parce qu'il s'agissait ici de vol d'argent qui n'était pas celui de *l'ordinaire*, soit parce que la circonstance aggravante de la violence, lui parut constituer un délit en dehors des prévisions du code militaire, il ne leur appliqua pas les dispositions de l'art. 12 de la section 3 de la loi du 12 mai 1793, c'est-à-dire 6 ans de fers, mais bien l'article 385 du code pénal ordinaire, et les condamna en vertu de cet article à la peine de cinq ans de travaux forcés, et à une heure de carcan. Une fois sorti du code militaire pour la peine principale, le conseil ne crut pas devoir y rentrer pour la peine accessoire.

Ce jugement déféré au conseil de révision fut confirmé, le 7 janvier 1830, après une longue discussion.

Pour attaquer le jugement on disait : « Quand la » loi du 21 brumaire an V fut promulguée, le code » pénal de brumaire an IV régissait le droit commun. » La peine des fers portée dans la loi militaire existait » dans le droit commun auquel elle fut empruntée.

» Le législateur, en déclarant que tout militaire con- » damné aux fers subirait la dégradation, a voulu atta- » cher cette peine accessoire à toutes les condamnations » aux fers, portées contre des soldats quelque fût le » délit. Si, depuis, la peine des fers a changé de nom, » dans le code pénal ordinaire, et a été appelée *travaux* » *forcés*, il n'en est pas moins vrai qu'elle est la même » peine, et que l'intention du législateur doit toujours » être suivie.

» En prononçant aujourd'hui la peine du carcan » contre un militaire condamné aux travaux forcés, ou » bien l'on substitue cette peine à celle de la dégra- » dation, contre le vœu formel de l'art. 21 de la loi » du 21 brumaire qui décide impérativement que tout

» soldat condamné aux fers sera dégradé , ou bien on
» l'ajoute à cette dernière peine. Dans l'un et l'autre
» cas il y a abus de pouvoir.

» Et comment , ajoutait-on , les conseils de guerre
» pourraient-ils prononcer une condamnation à une
» peine qui demeurerait sans exécution ? le lieutenant
» général pourrait-il élever un échafaud sur la place
» publique ? aurait-il le droit de charger de l'exécution
» le procureur général ? »

Pour défendre le jugement, on répondait :

« Si les juges ont le droit de puiser, pour des cas
» non prévus, des peines dans le code pénal ordinaire,
» ce droit est entier et absolu. La peine des travaux
» forcés, à laquelle ils ont recouru, entraînant *nécessai-*
» *rement* la peine accessoire du carcan , les juges ont
» dû prononcer cette dernière peine. Ils auraient com-
» mis un abus de pouvoir, si , de leur propre volonté,
» ils avaient scindé l'art. 22 pour n'appliquer qu'une
» partie de ses dispositions. D'ailleurs , ajoutait-on, de
» quoi les condamnés ont ils été déclarés coupables ?
» d'un crime ordinaire ; pourquoi, dès lors, ne seraient-
» ils pas frappés d'une peine ordinaire?

» Le jugement ne demeurerait pas pour cela sans
» exécution. La formule exécutoire qui le termine est
» obligatoire pour tous les agens de la force publique
» civile ou militaire. »

Le jugement du premier conseil de guerre, confirmé par le conseil de revision , fut dénoncé à la

cour de cassation qui , le 10 juin 1830 , rendit l'arrêt
dont la teneur suit : . . . .
. . . .

« Attendu que si les conseils de guerre permanens
» doivent appliquer les peines fixées par le code pénal
» ordinaire aux crimes commis par des militaires , et
» non prévus par les lois militaires , cela ne peut s'en-
» tendre que de la peine proprement dite et non de
» l'accessoire relatif à l'exécution , déterminé par les
» lois militaires ; que la dégradation est à l'égard d'un
» militaire , le préalable obligé de l'exécution de toute
» condamnation à une peine afflictive et infamante :
» que si l'art. 21 de la loi du 21 brumaire an 5, ne fait
» mention que de la peine *des fers* , c'est parce qu'à
» cette époque , cette peine était commune au code
» pénal ordinaire , et la même quant à ses effets , que
» celle des *travaux forcés*, substituée nominativement
» dans le code pénal de 1810 ; que , dès lors , en pro-
» nonçant contre les soldats susnommés, la peine prin-
» cipale des travaux forcés à temps, le conseil de guerre
» permanent devait ordonner seulement leur dégrada-
» tion préalable , peine accessoire prévue par le code
» pénal militaire et parfaitement conciliable avec la
» peine principale des travaux forcés à temps.

» Attendu que si tout militaire condamné à une peine
» afflictive et infamante, d'après le code pénal ordinaire,
» pouvait l'être accessoirement à l'exposition et au car-
» can, il devrait, en conformité de l'art. 21 ci-dessus

» transcrit, subir la dégradation avant que d'être livré
» à l'exécuteur des jugemens criminels pour l'exposi-
» tion, et qu'il résulterait de ce cumul, une aggravation
» de peine non autorisée par la loi. »

» D'où il suit que le 1ᵉʳ conseil de guerre permanent,
» en appliquant, par le jugement dénoncé, l'art. 22 du
» code pénal de 1810, et le conseil de révision en con-
» firmant ce jugement dans toutes ses dispositions, ont
» fait une fausse application dudit article et violé l'art. 21
» du titre 8, du code militaire des délits et des peines,
» du 21 brumaire an 5.

» En conséquence, la cour casse et annule. »

Cette décision de la cour de cassation a tiré d'embarras les conseils de guerre, pour tous les cas où il
s'agit du carcan comme accessoire des travaux forcés ;
mais il faut convenir que la question présente encore
quelque difficulté lorsqu'il s'agit du carcan, comme
accessoire de la peine de la réclusion, de laquelle
peine on ne peut pas dire qu'elle soit la même au fond
que celle des travaux forcés ; à moins que par une
interprétation un peu large on ne prétende que la
dégradation doive remplacer le carcan *comme préalable
obligé de l'exécution de toute condamnation à une
peine afflictive et infamante ;* c'est au reste, l'opinion
de M. de Chenier, auteur d'un ouvrage recomman-
dable sur la justice militaire. Cette opinion me parait
en opposition avec les principes qui exigent, selon
moi, que toutes les fois qu'un militaire a été déclaré

coupable d'un crime commun , il soit frappé des peines dont la législation commune frapperait ses justiciables. Ce n'est plus , dans ce cas , à des militaires qu'il doit servir d'exemple , lui qui n'a violé aucune loi militaire , mais à des citoyens ; et dès lors , c'est une place publique et non une caserne qui doit être le théâtre de son supplice.

La raison tirée de l'impossibilité de l'exécution du jugement , en cas de condamnation à l'exposition au carcan , me touche peu.

Nous avons vu que, selon l'opinion de MM. Merlin et Dalloz , les jugemens des conseils de guerre étaient exécutoires, sinon quant aux biens , du moins quant à la personne des condamnés. Tous les jours les conseils de guerre ne condamnent-ils pas à la réclusion et aux travaux forcés, peines civiles ? et en vertu de quel titre agissent les officiers de la force publique, pour envoyer les condamnés dans les maisons centrales, ou aux bagnes , si ce n'est en vertu du jugement des conseils de guerre qui sont rendus au nom du Roi , et qui sont revêtus de l'exécutoire suivant :

« Mandons et ordonnons à tous huissiers , sur ce
» requis, de mettre le présent jugement à exécution,
» à nos procureurs généraux , à nos procureurs près
» les tribunaux de première instance , d'y tenir la
» main ; à tous commandans et officiers de la force
» publique, de prêter main forte lorsqu'ils en seront
» requis. »

[127]

Je me demande quel est le jugement définitif que le capitaine-rapporteur ne pourrait faire exécuter avec un semblable titre ?

Au reste, cette question qui, au fond, ne présente qu'une alternative de supplices aux malheureux qu'elle intéresse, car dans aucun cas ce cumul de peines, dont parle l'arrêt de cassation, n'est entré dans l'esprit des juges; cette question, dis-je, me paraît peu importante, et j'avoue que dans le doute, la nature moins hideuse des formes de la dégradation m'aurait porté assez volontiers à adopter l'opinion qui en fait l'accessoire obligé de toute condamnation infamante, si en adoptant l'opinion contraire on ne trouvait dans le nouvel article 22 du code pénal, le moyen de soustraire le condamné à toute peine accessoire.

En effet, du moment qu'on reconnaîtrait aux conseils de guerre le droit absolu, entier, de recourir dans les cas non prévus, au code pénal ordinaire, tant pour la définition des crimes que pour l'application des peines, on leur reconnaîtrait, en même temps, le droit qui appartient aux cours d'assises de dispenser, par leur arrêt, de l'exposition publique le condamné qui n'est pas en état de récidive.

De la Détention.

La détention, aux termes de la loi du 25 septembre 1791, consiste à retenir les condamnés dans l'enceinte d'une maison destinée à cet effet.

La détention est une peine afflictive et infamante. Le code pénal de 1810 avait remplacé cette peine par celle de la réclusion ; elle continuait cependant, en vertu des lois militaires antérieures au code de 1810, à frapper les coupables, mais dans deux cas seulement : pour enlèvement de détenus, et pour provocation de la part même d'un citoyen à la désertion d'un militaire, art. 4 de la loi du 4 nivôse an 4.

Un arrêt de la cour de Rennes, du 9 septembre 1831, ayant considéré cette peine comme abrogée, sur ce motif qu'elle n'avait pas été classée par le code de 1810, ni au nombre des peines afflictives, ni au nombre des peines correctionnelles, le procureur-général près la cour de cassation déféra cet arrêt à la cour qui le cassa, dans l'intérêt de la loi, par arrêt du 21 octobre 1831.

La peine de la détention a reparu dans le code pénal modifié, elle conserve son caractère de peine afflictive et infamante, et consiste à tenir renfermé le condamné dans l'une des forteresses situées sur le territoire continental du royaume.

Du Boulet.

Art. 46. « Les condamnés à la peine du boulet,
» seront employés dans les grandes places de guerre
» à des travaux spéciaux.

» Ils traîneront un boulet de huit, attaché à une
» chaîne de fer de deux mètres et demi de longueur.

» Ils travailleront huit heures par jour, depuis
» le 1er brumaire jusqu'au 1er germinal, et dix heures
» par jour pendant le reste de l'année. Leurs ateliers
» seront toujours isolés de tous autres ateliers.

» Ils porteront un vêtement particulier, dont la
» forme et les couleurs différeront absolument de la
» forme et des couleurs affectées à l'armée : ils n'au-
» ront que des sabots pour chaussure.

» Ils ne pourront ni couper ni raser leur barbe :
» leurs cheveux et leurs moustaches seront rasés tous
» les huit jours.

» Hors le temps des travaux, ils seront détenus et
» enchaînés dans des prisons particulières destinées
» à cet effet. . . . .

. . . .

Art. 50. » Il est expressément défendu à qui que ce
» soit, de procurer aux condamnés au boulet, d'autres
» vêtemens que ceux qui leur sont assignés, de leur
» en laisser porter d'autres, de leur couper ou faci-
» liter les moyens de couper leur barbe, d'exciter
» ou favoriser leur évasion de toute autre manière.

. . . .

. . . .

» Tout condamné au boulet qui s'évadera, sera
» condamné par la commission qui sera désignée ci-
» après, soit à une détention double de celle qu'il

9

» devait subir, soit à traîner deux boulets pendant
» tout le temps de sa détention.

    51. . . . .

. . . .

. . . . , ...

   » Toutes les fois qu'un condamné au boulet aura
» été condamné, soit au double boulet, soit à une
» plus longue détention, il lui sera fait par son juge-
» ment défense, sous peine de deux ans de fers, de
» fixer sa résidence, lorsqu'il aura été mis en liberté,
» à moins de vingt lieues de la ville où siège le gou-
» vernement. Cette peine lui sera infligée par le
» conseil de guerre devant lequel il sera traduit.

Telles sont les principales dispositions de l'arrêté
du 19 vendémiaire an 12, qui détermine la nature
de la peine connue sous le nom de peine du boulet,
et l'on ne peut s'empêcher d'en critiquer la bizarre
rigueur quand on songe qu'elle est toujours portée,
sauf le cas exceptionnel de la désertion d'un remplaçant, au moins pour 10 ans, et qu'elle ne frappe
que des délits de désertion.

Les condamnés, avant d'être envoyés dans les
places de guerre où ils doivent subir leur jugement,
sont conduits, comme les condamnés aux fers, à la
parade, et là, devant la garde assemblée, *ils défilent*,
pour me servir du terme dont ils se servent, c'est-à-
dire que, vêtus de la capote brune, la tête ombragée

d'un capuchon , et le corps ceint de la chaîne dont le législateur a pris soin de régler la longueur , ils commencent par écouter à genoux la lecture de leur jugement , et qu'ensuite les yeux bandés , et guidés par deux camarades , ils parcourent le front de bataille au son d'une musique militaire qu'accompagne le bruit rauque et saccadé du boulet de huit qui broie le pavé de la place d'armes.

Ici encore , il faut le dire , la sollicitude du gouvernement vient réparer par des grâces et des commutations nombreuses la rigueur de cette peine , qui sans différer beaucoup de la peine des fers , quant aux travaux auxquels le condamné est assujetti , deviendrait plus rigoureuse encore à cause de sa durée plus prolongée.

Ajoutons , ce qu'on croirait difficilement à voir les cérémonies honteuses du *défilé* et ce luxe de chaînes et de boulets , que cette peine n'est point infamante , et qu'il n'est pas rare de voir des soldats graciés , rentrer dans les régimens , sans être exposés à cette espèce de réprobation qui s'attache partout au forçat libéré.

Ce caractère ambigu de la peine du boulet , embarrassa beaucoup la chambre des pairs , lors de la discussion du projet de code pénal militaire , lequel , nous l'avons vu , pour faire rentrer les délits militaires dans les dispositions générales du droit commun , adopta la division du code pénal ordinaire en peines pour crimes et en peines pour délits.

Dans le projet du gouvernement, on avait rangé le boulet dans la série des peines des délits, la raison de cette classification était la connaissance que le ministre de la guerre avait de la nature correctionnelle des délits passibles du boulet, délits qui tous en effet sont peu graves, purement militaires, et accusent moins la dépravation que l'insoumission et même la négligence de ceux qui les commettent. La chambre, n'ayant pas aussi présents à l'esprit tous les cas punissables du boulet, ne vit d'abord dans cette peine définie par l'art. 9 du projet que de véritables travaux forcés, des *galères de terre*, comme la qualifia énergiquement le maréchal Soult, et elle jugea plus convenable de la ranger dans la série des peines pour crimes.

Une autre raison la détermina encore, ce fut le désir d'exclure à jamais de l'armée des soldats insoumis qu'une condamnation correctionnelle n'aurait pu en bannir aux termes de nos lois, et qui auraient rapporté dans les rangs un esprit d'indiscipline que leur séjour dans les ateliers n'aurait fait qu'entretenir et que fortifier.

La classification de la peine du boulet dans la série des peines pour crimes exposait les condamnés à toutes les conséquences légales des peines infamantes ; effrayée de ce résultat la commission, de l'agrément du ministre, proposa de ranger le boulet parmi les peines des crimes *sans autre incapacité que celle de servir dans les armées du roi* : « ce ne sera qu'en ce qui touche la récidive et la prescription, disait le ministre de la guerre, que la peine du boulet entraînera les effets des peines pour crimes » (séance de la chambre des pairs du 15 avril 1829).

C'était déjà fort rigoureux, surtout quant à la récidive ; l'inflexible classification empruntée au code pénal ordinaire exigea davantage.

En déclarant explicitement que le condamné ne subirait d'autre incapacité que celle du service militaire, la chambre le dégageait de toutes les incapacités qui, aux termes de l'art. 28 du code de 1810, pesaient sur tous les condamnés à une peine infamante, et notamment de l'incapacité de remplir des fonctions publiques. De sorte qu'un homme qui aurait été incapable d'être caporal, aurait pu devenir maire, député, ministre de la guerre...

Il fallait donc faire rentrer le boulet dans la série des peines pour délits, ou laisser peser sur le condamné toutes les suites de la classification du boulet parmi les peines pour crimes ; la chambre prit un terme moyen, elle conserva le boulet dans les peines pour crimes, et sans parler des autres incapacités, se contenta d'énoncer à l'art. 9 que *la condamnation à la peine du boulet entraînerait incapacité de tout service militaire.*

Pour les législateurs la difficulté était tranchée elle commençait seulement pour les juges.

Je ne vois, moi, d'autre moyen d'en sortir que d'abandonner la classification empruntée au code pénal ordinaire, et de faire pour les délits militaires, délits spéciaux, des peines spéciales en dehors de toutes les prévisions de la législation commune.

Des Travaux Publics.

L'art. 52 de l'arrêté de 19 vendémiaire an 12 qui détermine la nature de cette peine est ainsi conçu :

« Les déserteurs condamnés aux travaux publics
» seront employés, soit à des travaux militaires, soit
» à des travaux civils.

» Ils ne porteront ni chaînes ni fers que lorsqu'ils
» y auront été momentanément condamnés par me-
» sure de police ou discipline.

» Ils travailleront le même nombre d'heures que
» les ouvriers du pays.

» Leurs vêtemens pourront conserver quelque
» chose des formes militaires, mais différeront des
» couleurs affectées à l'armée et de celles qui le seront
» aux condamnés au boulet, ils porteront des sou-
» liers.

» Ils ne pourront couper ni raser leur barbe ; ils
» conserveront leurs moustaches ; leurs cheveux
» seront rasés tous les huit jours.

» Ils seront ou logés dans les casernes particulières
» qui n'auront aucune communication avec celles de
» la garnison, ou bien campés ou baraqués proche
» de leurs travaux.

» Dans leurs casernes ils auront des demi-fourni-
» tures ; dans leurs tentes ou baraques les effets
» ordinaires de campement.

» Ils recevront le pain militaire, et une ration de
» riz ou légumes secs. »

Un réglement du 27 avril 1833 détermine leur
costume qui consiste dans une veste longue à manches,
de grosse étoffe de laine, couleur gris de fer, tirant
sur le noir : ainsi affublés, ils sont, aux termes du
même réglement, conduits à la parade le lendemain
du jour où ils ont été définitivement jugés, et là ils
entendent leur sentence, debout ; ils n'ont pas les
yeux bandés ; ils ne parcourent ni le front de la parade, ni celui de leur corps ; les gardes et les corps
défilent devant eux.

L'arrêté de vendémiaire an 12 n'appliquait la
peine des travaux publics qu'aux délits de désertion ;
aujourd'hui, depuis la loi du 15 juillet 1829, elle
s'applique aussi aux délits de vente d'effets appartenant à l'État.

Dans le nouveau projet de code pénal militaire, elle
s'étend à un grand nombre de délits d'insubordination.

J'ai vu souvent des soldats accusés d'avoir dissipé

leurs effets , délit passible de l'emprisonnement, s'accuser de les avoir vendus , pour être condamnés aux travaux publics. Plusieurs m'ont avoué tout bas que la fourniture complète que l'on délivre aux condamnés à cette peine entrait pour beaucoup dans leur détermination. Cette considération est facile à apprécier , quand on songe que les malheureux qui ont dissipé ou vendu leurs effets , ne trouvant pas dans leur masse , ni dans le budjet des prisons les moyens de se vêtir , sont exposés durant leur emprisonnement à de cruelles souffrances.

De la Prison.

La prison considérée comme peine militaire, n'a rien qui la distingue de l'emprisonnement en matière ordinaire, c'est toujours la détention dans une maison de correction où l'on ne se corrige d'aucun vice. Seulement appliquée aux justiciables des conseils de guerre, jeunes soldats plutôt égarés que corrompus, elle parait plus déraisonnable encore et présente plus d'inconvéniens. Condamné à quelques mois de prison pour voies de fait envers un bourgeois , révolte envers la garde , ou dissipation d'effets , le jeune soldat qu'on veut corriger tombe tout-à-coup dans l'oisiveté , dans l'ennui. Il désapprend le métier paternel et l'exercice de la caserne , et se corrompt bientôt à l'école de ces *braves* dont la moustache pousse à l'ombre des cachots, de ces vétérans du vice qui savent préméditer leurs méfaits, heureux d'échapper dans le repos honteux de la prison aux fatigues des compagnies disciplinaires.

Le séjour des prisons est tellement nuisible au moral des soldats qui y sont détenus que, sur les plaintes réitérées des colonels des régiments dans lesquels ils rentraient à l'expiration de leur peine pour y semer le désordre, l'autorité supérieure a décidé que désormais tout soldat qui aurait été condamné par les conseils de guerre à l'emprisonnement serait envoyé à Alger.

Avec une telle expérience de l'inefficacité, du danger même de l'emprisonnement, comment les législateurs ne se montrent-ils pas plus sobres de cette peine dans les lois nouvelles qui concernent les militaires ? la loi du 15 juillet 1829 l'a portée dans un grand nombre de cas, et le nouveau code militaire l'applique à tous les délits qui présentent des circonstances atténuantes, il l'étend même à des délits purement militaires. La sentinelle qui s'endort et celle qui se laisse relever par un autre que son caporal, sont punies d'un emprisonnement qui, à l'égard du dernier cas, peut aller jusqu'à cinq ans.

Certes, un bon système de prison exclusivement destinée aux militaires, et où l'on profiterait du loisir forcé des condamnés pour leur donner quelqu'instruction soit militaire, soit civile, détruirait une partie des inconvéniens attachés à cette peine ; mais encore faudrait-il reconnaître que, comme moyen de correction , elle manquerait son but , infligée à des délits de négligence ou d'insubordination.

En quoi consiste l'efficacité de la prison , dans l'esprit de ceux qui voient en elle la *panacée* en matière pénale? dans son étendue , qui permet au condamné de réfléchir sur sa faute , et de se corriger. Plus le crime aura été grave , plus il dénotera de perversité dans le moral de celui qui l'aura commis , plus la détention devra se prolonger. La durée dans ce cas est logique , elle garantit la correction.

D'un autre coté , la séquestration du délinquant préserve la société contre de nouveaux délits de sa part.

Ces considérations sont elles applicables aux délits militaires ? et d'abord est-il utile de détenir le délinquant pour empêcher de nouveaux délits ? non , celui qu'il a commis étant relatif , ne résultant que de sa position , il suffira de changer cette position ; et ce délit , d'ailleurs , ne provient pas d'une dépravation morale , qu'il faille redresser , à force de temps et de réflexion , c'est le plus souvent un acte indifférent , licite même dans toute autre circonstance , quelque fois honorable , et qui n'est punissable que par les conséquences qu'il peut entraîner, conséquences qu'il faut prévenir à tout prix.

Quand Manlius fit périr son fils , vainqueur de l'ennemi qui l'avait défié , ce ne fut pas la bravoure de ce jeune guerrier qu'il voulut punir, mais bien le respect à la discipline qu'il voulut enseigner par l'exemple du supplice de celui qui l'avait violée. L'exemple, voilà le but où doit tendre la pénalité militaire, et l'on conviendra que de toutes les peines la moins exemplaire, c'est la prison.

Les juges militaires comprennent bien l'inefficacité de cette peine, et ses inconvéniens quand elle est trop prolongée, aussi ont-ils de la répugnance à prononcer le *maximum*. Qu'en résulte t-il? que les soldats s'habituent à l'idée, autrefois si terrible, de *passer à un conseil de guerre*. On s'en tire maintenant à si bon marché! Encore un frein qu'a perdu la discipline.

Il faudrait réserver cette peine de la prison pour les délits purement disciplinaires; dans ce cas, au moins, quelque brève que soit la peine; elle est exemplaire, car elle est subie sous les yeux des camarades.

La nouvelle loi de recrutement, du 21 mars 1832, a rendu la peine de l'emprisonnement plus rigoureuse en déclarant, article 42, que le temps passé dans l'état de détention, *en vertu de jugement*, ne compterait pas pour les années de service exigées.

Nous avons dit qu'à la peine de l'emprisonnement la loi ajoutait dans certains cas, soit la destitution, soit la destitution et l'incapacité de servir.

L'emprisonnement avec la destitution est prononcé contre l'officier ou le sous-officier, qui étant nommé membre d'un conseil de guerre, aurait refusé sa nomination, hors le cas de maladie bien constatée (loi du 13 brumaire an **V**, art. 6), contre l'officier qui ne se serait point opposé aux délits de maraude, ou qui, s'y étant opposé inutilement, ne les aurait pas dénoncés à l'autorité supérieure (loi du 21 brumaire an **V**, titre **VI**, article 10), et contre les commandans de troupes, autres que les officiers généraux qui seraient convaincus de garder sciemment, dans leur troupe, un volontaire ou soldat sorti d'un autre corps, sans qu'il soit porteur d'un congé en bonne forme. (Loi du 12 mai 1793, section **IV**, art. 20.)

Les articles 2, titre **VIII** de cette dernière loi, et 10, titre **IV** de la loi du 12 mai 1793, ajoutent à ces deux peines l'incapacité de servir dans les armées de la république contre l'officier qui, devant marcher à l'ennemi, ne se sera pas rendu à son poste, et contre *tout militaire* qui ne se sera pas conformé aux ordres de son supérieur, relatifs au service.

L'art. 11, titre **VI** de la loi du 21 brumaire an **V**, se montre encore plus sévère à l'égard de l'officier convaincu d'un délit de maraude, il porte que le coupable sera destitué, *chassé du corps,* puni de 2 ans de prison, déclaré incapable de servir dans les armées de la république, et déchu de tout droit à la pension ou récompense, à raison de son service antérieur.

Les peines de destitution et d'incapacité sont également portées par la loi du 12 mai 1793 contre les commissaires des guerres négligents à dénoncer un délit, prévaricateurs, ou absents illégalement de leur arrondissement.

DE LA DESTITUTION.

La destitution est la privation du grade.

Nous avons vu que les lois républicaines appliquaient la destitution même aux simples soldats.

La question de savoir si un officier pouvait être destitué sans jugement a retenti souvent dans les deux chambres législatives, sous la restauration, grâce aux persévérans efforts du chef de bataillon Simon Lorrier. On se rappelle l'éloquent appui que l'illustre général Foy prêta dans ces discussions à ses anciens compagnons d'armes, et les brillans et décisifs raisonnemens à l'aide desquels il soutint, notamment dans le comité secret du 17 février 1821, les propositions tendant à empêcher que les officiers de l'armée ne fussent privés, autrement que par un jugement, de leurs grades, et du traitement affecté à ces grades.

Aujourd'hui il ne serait plus permis de repousser les plaintes d'un officier destitué arbitrairement en disant qu'il y a deux espèces de destitution, savoir : la destitution judiciaire et la destitution *administrative*.

La loi du 19 mai 1834 a clairement défini les positions de l'officier. Ces positions sont :

L'activité et la disponibilité,

La non activité,

La réforme ;

La retraite.

« Quant au grade, dit l'art. 1er de cette loi, il est conféré par le roi ;

» Il constitue l'état de l'officier. L'officier ne peut » le perdre que par une des causes ci-après ;

» 1° Démission acceptée par le roi ;

» 2° Perte de la qualité de français prononcée par » jugement ;

» 3° Condamnation à une peine afflictive ou in-» famante ;

» 4° Condamnation à une peine correctionnelle » pour délits prévus par la section 1re et les art. 402, » 403, 405, 406 et 407 du chapitre 2 du titre 2 du » livre 3 du code pénal. (*)

» 5° Condamnation à une peine correctionnelle » d'emprisonnement, et qui, en outre, a placé le » condamné sous la surveillance de la haute police et » l'a interdit des droits civiques, civils et de famille ;

» 6° Destitution prononcée par jugement d'un con-» seil de guerre ;

» Indépendamment des cas prévus par les autres » lois en vigueur, la destitution sera prononcée pour » les causes ci-après déterminées :

» 1° A l'égard de l'officier en activité, pour l'ab-» sence illégale de son corps après trois mois ;

____

(1). La section 1re punit les vols, et les articles indiqués sont relatifs aux banqueroutes, escroqueries et abus de confiance.

» 2° A l'égard de l'officier en activité, en disponi-
» bilité ou en non activité, pour résidence hors du
» royaume sans l'autorisation du roi, après 15 jours
» d'absence.

Si la loi décide qu'à l'avenir, le grade et le traitement qui y est attaché sont des propriétés qu'une
condamnation seule peut ravir à l'officier, la jurisprudence du conseil d'état vient de reconnaître dans
une ordonnance récente que sous l'empire des lois
antérieures, le chef du gouvernement avait eu le
droit de priver, par une révocation administrative,
un officier de son grade et de son traitement.

Nous citons textuellement l'ordonnance qui fera
connaître en même temps le nom du réclamant et
l'objet de sa réclamation.

« Louis-Philippe, etc. Vu l'art. 41 de l'acte cons-
» titutionnel du 22 frimaire an VIII.

» Vu la loi du 11 avril 1831.

» En ce qui touche les conclusions tendant à ce
» que la destitution du sieur Terrère soit consi-
» dérée comme non avenue, et à ce qu'il lui soit fait
» compte de sa solde pendant le temps qui a suivi
» cette destitution jusqu'à sa réintégration ;

» Considérant qu'aux termes de l'art. 41 de l'acte
» constitutionnel du 22 frimaire an VIII, le chef du
» gouvernement nommait et révoquait à volonté les
» officiers de l'armée ; qu'ainsi le décret impérial du

» 14 décembre 1811 qui a destitué le sieur Terrère
» a été légalement rendu.

» En ce qui touche les conclusions tendant à ce
» que le temps de la destitution soit considéré comme
» service effectif pour le calcul de la pension de
» retraite du requérant ;

» Considérant que la législation relative aux trai-
» temens de réforme n'est point applicable aux offi-
» ciers destitués.

» Que, dans l'espèce, le sieur Terrère, rentré
» en activité, en vertu d'une ordonnance de 1814, a
» été rétabli purement et simplement et sans aucun
» rappel de solde ; d'où il suit qu'il ne peut ni de-
» mander un rappel de solde pour le temps qui s'est
» écoulé depuis sa destitution jusqu'à sa réintégration,
» ni qu'il lui en soit tenu compte comme d'un service
» effectif.

Article premier.

» La requête du sieur Terrère est rejetée.

(Ordonnance du conseil d'état du 11 avril 1834.)

Dans l'état actuel de la législation, la destitution
simple n'est applicable par les conseils de guerre,
aux officiers de l'armée, que pour le cas d'absence
illégale.

La loi du 19 mai ne s'explique pas sur les conséquences que la destitution d'un officier peut entraîner
relativement à ses droits antérieurs.

Le projet de code militaire, amendé par la Chambre des Pairs et que nous avons souvent cité, est plus explicite. Malgré l'opposition de quelques pairs e notamment du maréchal Soult qui, considérant la pension comme une propriété acquise, ne pouvait voir autre chose qu'une confiscation dans la décision, quelle qu'elle fut, qui priverait un officier des moyens d'existence acquis au prix de son sang, la majorité pensa que rien n'était moins compatible que l'idée de punition renfermée dans la destitution, avec l'idée de récompense attachée à la pension ; qu'il fallait d'ailleurs établir quelque différence entre l'officier destitué et l'officier mis à la retraite ; et l'on adopta l'article 8 , devenu article 9 , lequel est ainsi conçu :

« La destitution entrainera la privation du grade
» et du droit d'en porter les signes distinctifs et l'uni-
» forme. *L'officier destitué n'aura droit à aucune*
» *pension , ni à aucune récompense à raison de ses*
» *services antérieurs.* »

La loi du 11 avril 1831, sur les pensions de l'armée de terre, prévoit bien le cas où la jouissance de la pension d'un officier pourra être suspendue ; mais c'est seulement après une condamnation à une peine afflictive ou infamante , et pendant la durée de la peine.

Cette dernière disposition a quelqu'analogie avec la disposition de nos lois pénales civiles qui ne permet pas que le condamné aux peines des travaux forcés,

de la détention ou de la réclusion , puisse recevoir,
pendant la durée de sa peine , aucune somme , aucune
provision , aucune portion de ses revenus (code pénal
article 31).

VII.

RÉVISION. GRACE.

La condamnation n'enlève pas toute chance de salut au malheureux qu'elle frappe. Il reste encore au condamné le pourvoi en révision, et le recours en grâce.

Le conseil de révision, dit l'article 11 de la loi du 18 vendémiaire an 6, est chargé de reviser les jugemens *sur la demande du commissaire du directoire exécutif, ou celle des parties par elles ou leurs défenseurs.*

Ces expressions « par elles ou leurs défenseurs » ont fait demander si le défenseur serait reçu à former un pourvoi sans la participation du condamné.

Bien que le pourvoi soit un acte tout personnel, et qu'il puisse paraître singulier qu'un autre l'exerce à l'insu et quelque fois même contre le vœu de celui qu'il intéresse le plus, la pratique des conseils de guerre et de révision a admis en pareil cas le pourvoi formé par le seul défenseur ; il est évident que cette intervention est toujours utile au condamné qu'elle protège en même temps contre une obstination mal entendue, ou contre un funeste oubli des formes.

Mais que dire de la faculté laissée par la loi au commissaire du roi de se pourvoir contre le jugement, faculté qui n'est guère exercée que dans les cas d'acquittement ou de condamnation à une peine trop douce.

C'est au moment ou le prévenu vient d'entendre proclamer son innocence au nom du roi , que la voix d'un magistrat amovible l'arrête sur le seuil du cachot pour l'exposer de nouveau aux délais d'une longue instruction , aux angoisses de l'attente , à la crainte d'une condamnation.

Un tel pouvoir laissé au commissaire du roi n'est pas seulement cruel, il est injuste en ce qu'il rend l'accusé responsable des vices d'une procédure à laquelle il n'a contribué que d'une manière toute passive , et en ce qu'il tourne contre lui les garanties de la loi, et fait résulter sa perte des précautions prises pour son salut.

On a cherché à détruire l'odieux d'une pareille disposition en démontrant qu'elle était empruntée au droit commun qui permet (article 206 du code d'instruction criminelle) de suspendre la mise en liberté du prévenu pendant les trois jours qui suivront son acquittement , pour laisser au ministère public le temps d'appeler ; mais il faut observer que cette disposition du droit commun n'existe qu'en matière correctionnelle où il y a deux degrés de juridiction, et où d'ailleurs la pénalité est plus douce ; en matière criminelle, et on ne contestera pas que les conseils de guerre ne soient des tribunaux criminels, l'ordonnance d'acquittement est irrévocablement acquise à l'accusé. S'il est quelque fois permis de la faire annuler, c'est dans l'intérêt de la loi, *sans préjudicier à la partie acquittée*, ce sont les expressions de l'article 409 du code d'instruction criminelle.

On objecte qu'aux termes du même code d'instruction criminelle, dans les affaires du ressort des cours d'assises, la mise en liberté peut n'être pas immédiate ; c'est lorsqu'un accusé a été déclaré absous, c'est-à-dire, lorsque *reconnu coupable* par le jury, la cour a décidé que le fait dont il a été déclaré coupable n'était pas défendu par une loi. Dans ce cas le ministère public peut se pourvoir en cassation, et la mise en liberté n'a pas lieu.

Il n'y a pas d'analogie entre la position d'un accusé absous par une cour d'assises, et celle d'un militaire acquitté par un conseil de guerre. — Le premier est coupable avant tout, il a le fait contre lui ; le second au contraire est innocent.

Or, s'il peut être permis de retenir un coupable en prison jusqu'à ce qu'on ait jugé si une peine quelconque peut lui être appliquée, il ne peut jamais être permis d'y retenir un innocent.

J'ai vu quelquefois des Commissaires du roi qui s'étaient pourvus contre un jugement d'acquittement, ne pas soutenir leur pourvoi, ne pas même indiquer sur quels vices de forme ils l'appuyaient. Le caprice ou le désir de punir par quelques jours de plus de prison un individu qui avait été trop heureux d'échapper à la sévérité du conseil, voilà ce qui les guidait.

Le délai pour se pourvoir en révision est de vingt-quatre heures à partir de la lecture du jugement faite par le rapporteur ; le commissaire du pouvoir exécutif a de plus vingt-quatre heures pour se pourvoir d'office, après le délai accordé à l'accusé. (Art. 9 de la loi du 15 brumaire an 6.)

Le pourvoi doit être notifié au greffe du conseil de guerre. De la part du condamné, le plus souvent, il consiste dans une croix apposée au bas d'une formule de pourvoi, croix que le concierge de la prison certifie être la signature du condamné.

Dans les vingt-quatre heures de la notification du pourvoi, le conseil de guerre envoie les pièces de la procédure, avec copie du jugement, au président du conseil de révision qui est tenu de convoquer *aussitôt* le conseil. (Art. 13 de la loi du 18 vendémiaire an 6.)

Grammaticalement parlant, cette expression « *aussitôt* » impliquerait l'idée d'une convocation *sur l'heure* ; mais il n'en est pas ainsi dans la pratique ; il s'écoule ordinairement plusieurs jours entre le jugement et l'assemblée du conseil de révision, et ce délai n'a lieu que dans l'intérêt du condamné.

Il est dans l'esprit des lois militaires que l'exécution suive immédiatement la condamnation. L'art. 36 de la loi du 13 brumaire an 5 voulait que le jugement fût exécuté *de suite*. Il a fallu qu'une loi postérieure instituât les conseils de révision pour qu'on suspendît l'exécution jusqu'à leur décision. Mais leur décision une fois prononcée et le jugement devenu définitif, la loi de brumaire reprend son empire, et il n'est plus au pouvoir de personne de retarder l'exécution ; or, quand il s'agit d'une condamnation à une peine grave, à la peine de mort par exemple, si fréquemment prononcée, le pourvoi en révision est ordinairement accompagné d'un recours en grâce, pour lequel des démarches sont nécessaires, et le seul moyen, dans les divisions éloignées, de laisser au condamné le temps d'implorer la clémence royale, c'est de retarder l'assemblée du conseil de révision qui ne se réunit que lorsque le résultat du recours est connu.

On doit rendre cette justice aux autorités militaires qu'elles se prêtent en général à tout ce qui, dans la limite de leurs devoirs et de leur conscience, peut être utile aux justiciables des conseils de guerre.

Le conseil de révision est composé de cinq membres.

Savoir :

Un officier général, président ;

[152]

Un colonel ou lieutenant-colonel ;

Un chef de bataillon, d'escadron ou major.

Deux capitaines.

Le greffier est choisi par le président.

Le rapporteur est choisi parmi les membres du conseil ;

Enfin un intendant ou sous-intendant militaire remplit les fonctions de commissaire du roi.

Tous les juges dont nous venons de parler doivent avoir trente ans accomplis et avoir fait au moins trois campagnes, ou compter six années de service effectif dans l'armée, ce qui peut prouver on ne peut mieux leur bravoure, mais ce qui n'est en aucune matière une garantie suffisante de leurs connaissances légales.

L'examen du conseil de révision porte sur l'instruction écrite qui a formé déjà la base du jugement du conseil de guerre, et sur le jugement, qui, à défaut d'un procès-verbal d'audience, est la reproduction assez imparfaite de l'instruction orale.

Le greffier lit toutes les pièces.

Le rapporteur fait son rapport et donne son opinion motivée.

Le défenseur présente ses observations, attaque ou défend le jugement, selon que le pourvoi est formé par le condamné ou par le ministère public.

Enfin le commissaire du roi fait ses requisitions.

L'auditoire se retire, et rentré bientôt rappelé par la sonnette du président.

L'auditoire, c'est, le plus souvent, l'avocat, car les séances des conseils de révision n'offrant pas cet intérêt dramatique que l'on recherche aujourd'hui avec tant d'empressement, peu de curieux y affluent, et je doute fort que depuis l'an VI le président ait eu l'occasion de réduire le nombre des spectateurs au triple de celui des juges, en vertu du droit qu'il partage avec les présidens des conseils de guerre.

« Le conseil de révision, dit la loi du 18 vendé-
» miaire an 6, prononce à la majorité des voix l'annu-
» lation des jugemens dans les cas suivans, savoir :

» 1o Lorsque le conseil de guerre n'a pas été formé
» de la manière prescrite par la loi.

» 2° Lorsqu'il a outrepassé sa compétence, soit à
» l'égard des prévenus, soit à l'égard des délits dont
» la loi lui attribue la connaissance.

» 3o Lorsqu'il s'est déclaré incompétent pour juger
» un prévenu soumis à sa juridiction.

» 4° Lorsqu'une des formes prescrites par la loi
» n'a point été observée soit dans l'information soit
» dans l'instruction.

» 5° Enfin, lorsque le jugement n'est pas con-
» forme à la loi dans l'application de la peine.

Il est à remarquer que la loi de brumaire ne prescrit point ses formes à peine de nullité comme le code d'instruction criminelle ; il s'en suit que toutes les fois que la loi est violée dans les formalités les plus indifférentes, comme dans les prescriptions les plus graves, le conseil de révision *peut* casser le jugement, et il use assez fréquemment de cette faculté ;

C'est ainsi que l'omission au bas de la déposition d'un témoin, d'une signature de rapporteur ou de greffier a souvent vicié de longues procédures.

La peine accessoire du carcan, portée contre un militaire condamné aux travaux forcés, a fait casser plusieurs jugemens ; il est vrai que la peine de la dégradation prononcée dans le même cas en avait fait casser d'autres avant l'arrêt de la cour de cassation.

D'autres fois, l'incompétence du magistrat chargé de recevoir les commissions rogatoires, et tout récemment l'intervention dans les débats du commissaire du roi, ont entraîné également l'annulation des jugemens.

J'en ai vu casser pour cette mention faite dans les jugemens que le soldat déclaré coupable, par exemple, à la majorité de *cinq voix contre deux*, avait été condamné à telle peine à *l'unanimité*.

Il y avait là, dans l'opinion du conseil de révision, faux, ou erreur matérielle.

En parlant plus haut de la question de savoir si, en cas de condamnation d'un militaire aux travaux forcés, la peine accessoire devait être celle de la dégradation ou du carcan, j'ai cité l'arrêt de la cour de cassation qui a décidé cette question. Les trois individus à l'occasion desquels cette difficulté avait été soulevée avaient déjà été condamnés pour le même fait par deux conseils différens dont les jugemens avaient été cassés par le conseil de révision pour les motifs que je vais développer.

Le 18 Août 1829, le 2.me conseil de guerre permanent de la 15.me division militaire, séant à Rouen, avait déclaré ces trois individus coupables de vol avec violence, et en outre, Vernouillet coupable de désobéissance combinée et Bonnefoi d'excitation à la désobéissance, et les avait condamnés, Henault à cinq ans de *fers*, Vernouillet à dix ans de travaux forcés, et Bonnefoi à la peine de mort.

Le conseil de révision, réuni le 4 septembre sur le pourvoi des condamnés, cassa le jugement du conseil de guerre, d'abord pour violation des art. 226 et 227 du code d'instruction criminelle, résultant de ce que le conseil de guerre avait cru devoir rendre un jugement distinct à l'égard de chacun des prévenus, bien qu'il fut de notoriété publique qu'il n'y avait eu qu'un seul et même débat ;

Ensuite, en ce qui touchait Bonnefoi, pour défaut de précision dans l'application de la loi, le conseil l'ayant condamné à la peine de mort en conformité de l'article 3 de la loi de brumaire an 5, laquelle compte 8 titres, ayant chacun un article 3 ;

A l'égard d'Henault, parce que, déclaré coupable de vol avec violence, à l'unanimité, il avait été condamné à cinq ans de fers à la majorité de 4 voix sur 7, ce qui laissait du doute sur la résolution unanime et affirmative de la question de culpabilité ;

Enfin, à l'égard de ce même militaire, parce que le conseil de guerre avait porté contre lui la peine des fers, et non celle des travaux forcés.

Le même jugement d'annulation renvoya les prévenus devant le 1er conseil de guerre de la même division ; ce conseil, le 21 septembre, écarta les questions de désobéissance, et condamna pour vol avec violence, Bonnefoi à 15 ans de travaux forcés, et Vernouillet et Henault à 10 ans de la même peine.

Nouveau pourvoi des condamnés ; et le 13 octobre, le conseil de révision, « considérant que dans la com-
» mission rogatoire du capitaine-rapporteur il y a
» évidemment deux interlignes, ce qui est contraire
» à l'art. 78 du code d'instruction criminelle.

» Considérant que dans le procès-verbal d'infor-
» mation dressé par M. le lieutenant de gendarmerie
» du Hàvre, en exécution de la commission roga-
» toire du capitaine-rapporteur, M. le lieutenant de
» gendarmerie ne s'est point fait assister par un
» greffier, ce qui est prescrit par l'art. 73 du code
» d'instruction criminelle, et par l'art. 14 de la loi
» du 13 brumaire an 5.

» Considérant que le procès-verbal d'interrogatoire
» ne porte pas le signalement des prévenus que le
» capitaine-rapporteur fait comparaître devant lui,

» ce qui est indispensable pour constater leur iden-
» tité avec les hommes signalés dans la plainte et
» plus tard dans le jugement ; que d'ailleurs, le si-
» gnalement est prescrit par la formule huitième ,
» annexée à la loi du 19 vendémiaire an 12.

Annule le jugement rendu par le 1er conseil de
Rouen , et renvoie les accusés devant le 1er conseil
de guerre de la 16me division, séant à Lille.

C'est devant ce conseil qu'ils furent condamnés à
cinq ans de travaux forcés et au carcan, jugement qui
fut confirmé par le conseil de révison. Nous avons cité
plus haut l'arrêt de la cour de cassation, rendu dans
l'intérêt de la loi à propos de la seconde partie de
cette condamnation.

Un jugement du conseil de révision que nous avons
sous les yeux, annule pour incompétence à raison de
la matière, un jugement du 2me conseil de guerre de
la 16me division militaire, qui avait condamné aux
travaux forcés un sergent-major du 9me léger, comme
coupable 1° de soustraction de lettres, 2° de vol d'argent, et 3° de faux en écriture privée ;

Voici ce jugement dont les considérans ne sont
pas moins singuliers que le dispositif.

Le conseil , etc.

« Considérant que le 2me conseil de guerre *a outre-*
» *passé sa compétence sur la* 3me *question en con-*
» *naissant du crime de faux* qui est dévolu par la loi
» du 23 floréal an 10 art. 2 et par le décret du 17

» messidor an 12 à un tribunal civil, disposition qui
» n'a été abrogée par aucune loi et qui retombe natu-
» rellement dans la juridiction des cours d'assises.

» Renvoie l'accusé *devant le 1er conseil permanent*
» *de la 16me division militaire.*

» Charge le rapporteur, etc. (5 Novembre 1834). »

Or, de ces deux lois, la première est relative à l'établissement d'un tribunal spécial pour juger les délits emportant peine de flétrissure, et la seconde ne fait que changer la dénomination de ces tribunaux ; et l'on sait que depuis la charte il n'y a plus de tribunaux spéciaux. Nul ne peut être distrait de ses juges naturels dit l'art. 62, et les juges naturels des militaires sont les conseils de guerre, sauf quelques cas exceptionnels dont nous avons parlé, et parmi lesquels certainement ne se trouve pas le crime de faux, prévu par le code pénal ordinaire et dont la connaissance appartenait dans l'espèce au conseil de guerre, puisque la qualité de militaire du prévenu n'était pas contestée.

Au reste, toutes ces erreurs, et cette grande facilité de la part des conseils de révision à accueillir les moyens de nullité, surtout quand ils leur sont présentés par des avocats, se conçoivent parfaitement. Il est impossible que des officiers qui n'ont pas fait d'études spéciales soient assez familiarisés avec nos lois criminelles pour marcher sans se tromper dans le dédale des procédures ; et cette facilité même à admettre les pourvois prouve tout l'intérêt que les juges des conseils de révision portent à leurs justiciables, et la crainte qu'ils ont de les priver des garanties de la loi.

En général, les militaires excellens appréciateurs du fait, sont mauvais juges du droit ; et les conseils de révision n'ont rien à voir au fait. Dans les commencemens de leur institution, alors que la législation militaire était, sinon bornée à une seule loi, du moins renfermée dans un cercle étroit de dispositions, alors surtout qu'on voulait assurer la prompte exécution des jugemens, leur ministère a pu être utile. En est-il de même aujourd'hui que les lois militaires sont plus nombreuses et plus difficiles à interpréter ? aujourd'hui que l'on ne ferait plus dépendre le salut de la discipline d'un retard apporté à l'exécution, ne pourrait-on pas, sans grand danger, supprimer les conseils de révision et soumettre directement les jugemens des conseils de guerre à la section criminelle de la cour de cassation ? Les questions de droit seraient jugées plus sainement, et les arrêts établiraient une jurisprudence qui guiderait les conseils de guerre dans l'application des lois.

Dans l'état actuel de la législation, le pourvoi en cassation peut être exercé concurremment avec le pourvoi en révision, mais seulement pour les cas d'incompétence et d'excès de pouvoir. (Lois du 21 fructidor an 4 et du 27 ventôse an 8, art. 77.)

Lorsqu'après une annulation le second jugement sur le fond est attaqué par les mêmes moyens que le premier, où doit être portée la question ?

L'article 23 de la loi du 18 vendémiaire an 12, contient à cet égard une disposition expresse « elle » est soumise au corps législatif qui porte une loi » à laquelle le conseil de révision est tenu de se » conformer. »

Depuis qu'il n'existe plus de corps législatif, constitué comme en l'an 6, et sous l'empire de la loi du 16 septembre 1807, on a soutenu l'abrogation de cet article, et si je m'en rapporte à un mémoire que j'ai sous les yeux, d'un avocat distingué du barreau de Metz (*), le conseil d'état aurait, dans plusieurs circonstances, étendu aux décisions des conseils de révision le droit d'interprétation qui lui était donné par la loi précitée, après annulation par la cour de cassation de deux arrêts ou jugemens en dernier ressort, rendus dans la même affaire.

Cette question s'est présentée de nouveau dans les espèces suivantes. Le 10 Février 1830, le premier conseil de guerre permanent de la 3ᵐᵉ division militaire, déclare le nommé Pierre Portugal, dragon, coupable du délit de désertion, mais décide

---

(*) Mémoire à l'appui du pourvoi de Michel Pierre, fusilier au 61ᵉ régiment de ligne, par Léopold Mathieu, avocat. — Metz, Imprimerie de Verronnais, 1828.

en même temps que ce délit était couvert par la prescription ordinaire de 3 ans, établie par l'article 638 du code d'instruction criminelle.

Ce jugement déféré au conseil de révision est annulé le 23 février, par le motif qu'aux termes de la loi du 29 octobre 1790, la prescription du délit de désertion ne s'acquiert qu'après 10 ans, et que dans l'espèce ce delai n'était pas expiré.

Le deuxième conseil de guerre, appelé à statuer le 6 mars, juge comme le premier.

Pourvoi en révision de la part du commissaire du roi, et le 25 mars, le conseil de révision, vu l'art. 23 de la loi du 18 vendemiaire an 6, et l'art. 1er de la loi du 30 juillet 1828, déclare qu'il en sera référé au roi.

Le même jour, pareille décision est prise dans l'affaire du nommé Beusses.

Ces deux décisions sont déférées à la cour de cassation par le ministre de la justice. Le ministre dans sa lettre au procureur-général s'attache à démontrer qu'il est impossible d'appliquer les dispositions de la loi du 30 juillet 1828, et signale un moyen nouveau d'abrogation de l'art. 23 de la loi de vendémiaire, résultant des dispositions des art. 1 et 2 de la loi du 29 prairial an 6, ainsi conçus :

Article premier. « En cas d'annulation d'un juge-
» ment rendu par un conseil de guerre établi par
» l'art. 19 de la loi du 18 vendémiaire dernier, le

» prévenu sera renvoyé dans les trois jours avec les
» pièces du procès et la décision du conseil de révi-
» sion, devant le premier conseil de guerre d'une
» des divisions militaires les plus voisines, pour qu'il
» soit procédé à une nouvelle instruction. »

Article second. « La décision du conseil de révi-
» sion déléguera le conseil de guerre auquel le renvoi
» doit être fait. »

« Il résulte de l'article premier de cette loi, dit le
ministre, que le premier conseil de guerre de la division voisine *juge en dernier ressort*, et qu'il ne peut
être attaqué que par le recours en cassation selon les
régles ordinaires, c'est-à-dire pour cause d'incompétence ou d'excès de pouvoir, opposés par un citoyen
non militaire ni assimilé aux militaires. »

Le ministre s'appuie également sur un avis du
conseil d'état, du 5 germinal an 11, approuvé le 10
du même mois, et dont la teneur suit :

Avis.

« Le conseil d'état, d'après le renvoi du gouver-
» nement d'un rapport du grand-juge, ministre de la
» justice, sur la question de savoir si, dans le cas où
» un militaire déjà condamné pour crime par un 1er
» conseil de guerre, ayant obtenu l'annulation de ce
» jugement par le conseil de révision, oppose encore
» les mêmes moyens de nullité sur le jugement du
» 2e conseil de guerre, il doit en être référé au
» corps législatif.

[163]

» Est d'avis que l'organisation du corps législatif et
» le mode actuel de formation de la loi ne permettent
» plus les référés au corps législatif ; et que par consé-
» quent l'article 23 de la loi du 18 vendémiaire an 6,
» est implicitement abrogé.

» La forme de procéder pour le cas qui a donné
» lieu à la question est d'ailleurs clairement établie
» par l'article premier de la loi du 29 prairial an 6,
» qui veut qu'en cas d'annulation d'un jugement
» rendu par un conseil de guerre établi par l'article
» 19 de la loi du 18 vendémiaire, le prévenu soit
» renvoyé, dans les trois jours, devant le premier
» conseil de guerre d'une des divisions militaires les
» plus voisines, pour y être procédé à une nouvelle
» instruction, sauf le recours, s'il y a lieu par la
» suite, *au tribunal de cassation* »

Le ministre estime donc que le conseil de révision
de la troisième division militaire a faussement appliqué l'article premier de la loi du 30 juillet 1828,
et l'article 23 de la loi du 18 vendémiaire an 6, et
violé les articles 1 et 2 de la loi du 29 prairial an 6,
interprétés par l'avis du conseil d'état du 5 germinal
an 11, et en conséquence, charge le procureur-général de requérir l'annulation des décisions du conseil
de révision, et de demander, par suite, le renvoi des
prévenus et des pièces de la procédure *devant le
conseil de guerre* d'une des divisions les plus voisines
de la troisième.

Le 18 août la cour rend un arrêt par lequel :

« Attendu que le conseil permanent de révision de la troisième division militaire, au lieu de prononcer sur le mérite du jugement du deuxième conseil de guerre permanent, rendu le 6 mars 1830, par lequel Pierre Portugal, soldat au deuxième régiment de dragons, est acquitté de l'accusation de désertion portée contre lui et renvoyé à sou corps, a référé de sa décision au Roi, et sursis jusqu'alors à statuer sur le jugement de ce conseil de guerre ;

v Qu'il a fondé cette manière de juger sur l'article 23 de la loi du 18 vendémiaire an 6 et l'article 1er de la loi du 30 juillet 1828 ;

» Mais attendu que la disposition de l'article 23 de la loi du 18 vendémiaire an 6, ordonnant un référé préalable au corps législatif, est inconciliable avec l'état actuel de la législation, et que la loi du 30 juillet 1828 est étrangère, par toutes ses dispositions, aux tribunaux militaires ;

» Que par conséquent, en s'autorisant de ces dispositions, le jugement attaqué les a indûment et mal à propos appliquées à l'espèce ; que par suite, le conseil de révision a méconnu les règles de la compétence qui lui imposaient l'obligation de statuer ;

» Attendu enfin, que, dès qu'il n'a pas été statué sur le mérite du jugement du deuxième conseil de guerre permanent, il échoit pour établir le cours suspendu de la justice, de renvoyer devant un autre conseil de révision pour prononcer ;

Elle « casse et annule le jugement du conseil permanent de révision de la troisième division militaire, du 25 mars 1830, rendu dans le procès de Pierre Portugal, soldat au deuxième régiment de dragons, et pour être statué sur le recours du procureur du roi contre le jugement du deuxième conseil de guerre permanent de la même division, rendu le 6 du même mois, renvoie Pierre Portugal en l'état qu'il est, et les pièces du procès, *devant le conseil permanent de révision* de la cinquième division militaire, pour ce déterminé par délibération spéciale prise en la chambre du conseil, et par suite, s'il y échoit, dans l'ordre hiérarchique des tribunaux militaires de la même division. »

Le même jour, arrêt semblable dans l'affaire Beusses.

On remarquera que l'arrêt de cassation que nous venons de citer renvoie devant le *conseil de révision* de la cinquième division, et non devant le *conseil de guerre* comme le demandait le ministre, à tort selon nous. En effet, en supposant même, ce que nous n'admettons pas, que l'article premier de la loi de prairial ait abrogé l'article 23 de la loi de vendémiaire, que dit cet article ? « *en cas d'annulation* d'un jugement rendu par un conseil de guerre établi par l'article 19 de la loi du 18 vendémiaire an 6 (c'est-à-dire par un deuxième conseil de guerre), le prévenu sera renvoyé, etc., devant le conseil de guerre d'une des divisions militaires les plus voisines, etc. »

En cas d'annulation ; il faut donc qu'il y ait eu une décision du conseil de révision , portant annulation ; or, dans l'espèce, le conseil de révision n'a rien annulé ; il a opposé une fin de non-recevoir.

Mais nous n'hésitons pas à penser, contre l'opinion du ministre et contre celle de l'auteur du Manuel des conseils de guerre , que l'article 23 de la loi du 18 vendémiaire n'a point été abrogé par l'article premier de la loi de prairial.

Nous ne comprenons pas sur quoi on baserait cette abrogation. Elle est implicite , dit-on. Nous cherchons en vain l'incompatibilité qui existerait entre ces deux articles , et nous trouvons qu'ils peuvent très-bien subsister l'un à côté de l'autre, puisqu'ils ont des appli-cations différentes.

La loi du 13 brumaire an 5 avait établi un conseil de guerre unique ; la loi du 18 vendémiaire an 6, en créant un conseil de révision chargé de réviser les jugemens rendus par le conseil de guerre , avait dû prévoir le cas où ses jugemens seraient annulés , et conséquemment avait établi , dans son article 19, un second conseil.

Quel devait être , dans l'esprit du législateur , le tribunal chargé de réviser le jugement du second conseil, pour les cas les plus ordinaires ? Evidemment le conseil de révision de la même division. Cela était de droit , et le législateur n'avait pas même à en faire le sujet d'une disposition spéciale ; mais le cas échéant d'un second jugement attaqué après révision par les mêmes moyens que le premier, il y avait là matière à interprétation ; aussi le législateur, par une exception qui confirme la règle générale que nous posions tout-à-l'heure, déféra-t-il, dans ce dernier cas, le jugement du second conseil, non au conseil de révision *qui ne peut plus en connaître*, mais au corps législatif. Restait toujours l'hypothèse d'un second jugement annulé par le conseil de révision pour des moyens différens de ceux qu'on avait opposés pour l'annulation du premier. Quel devait être alors le tribunal chargé de juger les prévenus, les deux conseils de la division ayant épuisé leur juridiction ? Ce tribunal, la loi du 29 prairial a eu pour objet unique de le déterminer ; elle a décidé que les prévenus seraient renvoyés devant le premier conseil de guerre d'une division voisine.

Si donc l'article 23 de la loi du 18 vendémiaire an 6 ne peut être suivi aujourd'hui, ce n'est point parcequ'il a été abrogé explicitement ou implicitement par la loi du 29 prairial, mais parceque l'état actuel de la législation met obstacle à son application, c'est ce qu'a reconnu la cour de cassation, qui dans ses deux arrêts ne dit pas un mot de la loi de prairial.

Il résulte clairement de la législation et de la jurisprudence que le conseil de révision doit toujours statuer sur le pourvoi contre le jugement d'un second conseil, sans distinguer si ce jugement est attaqué par les mêmes moyens que le premier, ou s'il est attaqué par des moyens différens.

Il résulte de la même jurisprudence qu'il doit, en cas d'annulation, renvoyer devant le conseil de guerre d'une division voisine qu'il désigne par sa décision.

Dans les deux cas précités, ce troisième conseil juge-t-il *en dernier ressort?* nous ne le pensons pas. Ni la loi du 29 prairial, ni aucune autre loi, à notre connaissance, ne donne à ce conseil le droit de décider souverainement. Le jugement de ce conseil peut donc encore être attaqué en révision, et annulé. Avec l'incohérence qui règne dans la législation militaire, il n'y a pas de raison pour qu'un prévenu ne parcourre pas toutes les divisions de la France, jusqu'à ce que, de guerre lasse, il soit acquitté. C'est ce qui est arrivé à un nommé Vachette, chasseur au sixième régiment, que j'avais été chargé de défendre d'office en 1828. Vachette, convaincu de voies de fait à l'égard d'un supérieur, est condamné à mort à *l'unanimité.* C'était à une époque où l'on exécutait la loi dans toute sa rigueur. Son jugement est cassé. Traduit devant le deuxième conseil il est condamné à la même peine *à la majorité de six voix contre une.* Nouveau pourvoi, nouvelle annulation; renvoi devant le premier conseil de Metz qui le condamne à mort *à la majorité de cinq voix contre deux.* Ce jugement ayant été annulé comme les deux autres, Vachette est renvoyé devant le deuxième conseil où il est enfin acquitté.

Quand, au contraire, le jugement est confirmé, et qu'aucun sursis, précurseur d'une grâce, n'a été d'avance accordé au condamné, tout se prépare pour l'exécution.

Nous avons vu que les soldats condamnés à des peines graves comptaient autant sur leur recours en grâce que sur leur pourvoi en révision. C'est qu'en effet les grâces sont très-fréquentes. Quand une loi n'est plus en rapport avec les mœurs, quand son application inexorable souleverait les esprits, le pouvoir du roi vient rétablir l'équilibre et proportionner par une juste commutation la peine au délit. L'humanité s'applaudit de ce résultat, mais la justice en souffre, car l'exercice répété de ce droit de grâce est un empiétement sur les pouvoirs des tribunaux.

La grâce est sollicitée par le condamné, ou réclamée par les juges eux-mêmes. Et, dans ce dernier cas, le président ne manque jamais d'en prévenir le condamné ou son défenseur, à l'audience. Il peut paraître étonnant que des juges qui ont appliqué la loi veuillent en arrêter les effets. Un arrêt de cassation du 16 pluviôse an 13 a cassé un arrêt de la cour de justice criminelle de la Haute-Garonne, qui avait recommandé deux condamnés à la clémence du roi, et ordonné en conséquence un sursis à leur exécution.

L'arrêt de la cour de justice criminelle a été cassé principalement pour ces motifs : « que le droit de faire grâce réside exclusivement dans la personne du chef de l'État, et qu'il n'appartient à aucune autorité de prendre à cet égard une initiative publique et officielle sur la détermination du roi. »

Long-temps les juges des conseils de guerre ont fait dériver leur droit d'invoquer la clémence royale des articles 595 du code d'instruction criminelle et 25 de la loi de recrutement du 10 mars 1818. C'était une erreur, puisque le premier de ces articles était relatif aux cours spéciales dont les jugemens n'étaient sujets ni à cassation, ni à révision, et que le second n'était applicable qu'aux jeunes soldats retardataires ; aussi les circulaires ministérielles ont-elles ramené les conseils aux principes.

Aujourd'hui les conseils de guerre n'adressent plus de demandes en grâce, mais un rapport sur chaque affaire grave est envoyé au ministre de la guerre par le capitaine-rapporteur, et les termes plus ou moins favorables de ce rapport influent sur la décision royale.

La grâce a été définie un acte du souverain qui, au profit d'un condamné, empêche ou modifie l'exécution d'un jugement criminel. (*Dalloz*, droits civils et politiques.)

La grâce diffère de l'amnistie en ce que cette dernière faveur précède tout jugement, et de la réhabilitation, en ce que cet acte ne remet pas la peine, mais les incapacités, soit civiles soit politiques.

Les auteurs sont partagés sur les effets de la grâce.

Nous rapporterons dans son entier un avis du conseil d'état du 21 décembre 1822 qui nous parait contenir les véritables principes sur la matière.

[171]

« Les comités de législation , de finances et de la guerre,
réunis par ordre de M. le garde-des-sceaux, sur la demande
du ministre des finances , pour délibérer sur la question de
savoir si les militaires retraités qui , condamnés à des peines
afflictives ou infamantes, ont subi leur jugement, ou ont
été graciés, doivent justifier de leur réhabilitation légale
pour être remis en jouissance de leurs pensions.

» Vu , etc., etc.

Après avoir délibéré, ont reconnu que la question proposée
rendait nécessaires l'examen et la solution des questions
suivantes :

» 1° Les pétitionnaires condamnés à des peines afflictives
ou infamantes, qui ont fini le temps de leur peine, sont-ils
obligés d'être réhabilités , pour rentrer dans leur pension ?
2° Peut-on , pendant la durée de leur peine, accorder, à
titre de secours , une partie de leur pension à leur veuve ou
à leurs enfans ? 3° Les lettres de grâce pleine et entière ,
accordées avant toute exécution du jugement de condamnation , peuvent-elles tenir lieu de *réhabilitation*? 4° Les
lettres de grâce accordées après l'exécution du jugement et
qui ne contiendraient aucune clause relative à la réhabilitation du condamné, dispensent-elles de l'exécution des dispositions du code de procédure criminelle relatives à la réhabilitation? 5° Les lettres de grâce peuvent-elles , par une
clause explicite , dispenser des formalités prescrites par le
code d'instruction criminelle pour la réhabilitation?

» Considérant sur la première *question* que la loi du 28
fructidor an 7 sur les pensions militaires , et l'ordonnance
du 27 août 1814, qui en reproduit les dispositions littéra-
lement, portent, en termes exprès, que la perte des pensions,
causée par les condamnations à une peine afflictive ou
infamante, dure jusqu'à la *réhabilitation*, et qu'ainsi elles
imposent spécialement à cette classe de condamnés une obligation dont on ne pourrait les dispenser sans violer le texte
même de la loi.

» Considérant sur la deuxième *question*, qu'on ne pourrait payer la pension des condamnés, en tout ou en partie, quelle que fut la dénomination qu'on donnât à ce paiement, sans violer la loi ci-dessus mentionnée, et, par conséquent, sans compromettre la responsabilité du ministre.

» Considérant sur la troisième *question*, qu'en matière criminelle, nul jugement de condamnation ne peut produire d'effet avant l'exécution ; que lorsque la grâce a précédé l'exécution, les incapacités légales ne sont pas encourues ; que par conséquent, il ne peut y avoir lieu, dans ce cas, à solliciter des lettres de réhabilitation, puisque la réhabilitation n'a pour objet que de relever le condamné des incapacités légales auxquelles il a été réellement soumis ;

» Considérant sur la quatrième *question*, que l'article 8 de la charte a maintenu les lois qui n'y sont pas contraires, que la nécessité de la *réhabilitation* imposée par le code d'instruction criminelle au condamné pour qu'il soit relevé des incapacités légales encourues par l'exécution du jugement, n'a rien de contraire à l'article 67 de la charte, qui donne au roi le droit de faire grâce ou de commuer la peine.

» Qu'en effet la grâce et la *réhabilitation* diffèrent essentiellement, soit dans leur principe, soit dans leurs effets ; — que la grâce dérive de la clémence du roi ; la *réhabilitation* de sa justice ; — que l'effet de la grâce n'est pas d'abolir le jugement, mais seulement de faire cesser la peine ; — qu'aux termes du code d'instruction criminelle, le droit de réhabilitation ne commence qu'après que le condamné a subi sa peine ; — que l'effet de la *réhabilitation* est de relever le condamné de toutes les incapacités soit politiques, soit civiles qu'il a encourues ; — que ces incapacités sont des garanties données par la loi, soit à la société, soit aux tiers, et que la grâce accordée aux condamnés ne peut pas plus le relever de ces incapacités, que de toutes les autres dispositions du jugement qui auraient été rendus en faveur des tiers ;

» Considérant sur la cinquième *question* que la prérogative royale ne s'étend pas jusqu'à dispenser les citoyens des obligations qui leur sont imposées en vertu des lois maintenues par la charte, et dont ils ne pourraient être relevés que par la puissance législative,

» Sont d'avis, — 1° que les pensions perdues par l'effet des condamnations à des peines afflictives ou infamantes, ne peuvent être rétablies qu'après la réhabilitation du condamné ; — 2° que, pendant la durée de ces peines, il ne peut être accordé sur ces pensions aucun secours à la veuve, ou aux enfans des condamnés ; — 3° que les lettres de grâce pleine et entière accordées avant l'exécution du jugement préviennent les incapacités légales et rendent inutile la réhabilitation ; — 4° que la grâce accordée après l'exécution du jugement ne dispense pas le gracié de se pourvoir en *réhabilitation*, conformément aux dispositions du code d'instruction criminelle ; — 5° que les lettres de grâce, accordées après l'exécution du jugement, ne peuvent contenir aucune clause qui dispense des formalités prescrites par le code d'instruction criminelle pour la *réhabilitation*. »

VIII.

CIRCULAIRES MINISTÉRIELLES.

L'impossibilité d'établir, sur les décisions des conseils de révision, une jurisprudence qui pût aider à l'interprétation des lois militaires, nous avait fait désirer que les pourvois des conseils de guerre fussent immédiatement déférés à la cour de cassation.

L'intervention plus fréquente, et *de droit*, de la cour suprême dans les questions de législation militaire, dégagerait les conseils de guerre de la tutelle des ministres, dont les circulaires, en même-temps qu'elles sont aussi variables que leurs rédacteurs, ont de plus l'inconvénient d'imposer aux conseils leurs avis sous une forme impérative qui intimide les subordonnés, et leur ôte la liberté dont ils ont besoin pour juger en conscience.

Voici ce qu'écrivait, en 1821, le ministre de la guerre, au général commandant la 16e division militaire, en lui recommandant de démontrer aux juges du conseil de révision qu'ils s'étaient trompés sur un point de droit d'ailleurs fort douteux :

« Je ne doute pas de l'empressement avec lequel » les membres de ce conseil renonceront à une erreur » qui n'a pu prendre sa source que dans leur scrupu- » puleuse attention à suivre la loi; mais dans laquelle » ils ne pourraient persister sans inconvénient.

» Si, ce que je ne puis croire, vous ne parveniez » pas à les convaincre qu'ils se sont trompés, et que » la jurisprudence exceptionnelle qu'ils ont adoptée » est également contraire aux principes de la législa- » tion, à ceux de la justice distributive et aux inté- » rêts de l'état, *leur remplacement dans le conseil* » *deviendrait indispensable.* »

Un tel langage adressé à des magistrats, à raison d'un acte de conscience, paraîtra d'autant plus inconvenant que, comme nous l'avons dit, il y avait doute, et qu'une circulaire ministérielle postérieure a décidé dans un autre sens.

Il s'agissait d'un remplaçant, déserteur à l'étranger, avec circonstances aggravantes, et que le conseil de guerre avait condamné à 14 ans de boulet.

Le conseil de révision, considérant que les rempla- çans sont soumis à un décret spécial qui porte contr'eux la peine de 5 ans de boulet, sans s'occuper de l'aggravation de peines résultant des autres circonstances de la désertion , avait annulé le jugement du conseil de guerre.

Selon le ministre , c'était sans fondement que l'on prétendait que cette peine de cinq ans de boulet ne pouvait être augmentée.

Cette peine n'était applicable qu'à la désertion simple , et devait *être augmentée de deux ans pour les circonstances prévues par les N°s 1 , 2 et 3 de l'article 70 de l'arrêté du 18 vendémiaire an 12.*

Plus tard , un conseil de guerre de la même division ayant condamné un nommé *Auboussu*, déserteur remplaçant, avec une des circonstances reprises dans l'article 70, à sept ans de boulet, une circulaire ministérielle du 27 septembre 1832 vint, avec la même autorité , apprendre aux juges que l'article 58 du décret de l'an 13 établissait une législation exceptionnelle ; que, s'il y avait eu désertion à l'étranger , il y aurait eu *peut-être* lieu d'examiner si l'arrêté du 18 vendémiaire n'était pas applicable ; mais que, dans l'espèce , il fallait appliquer la peine de cinq ans de boulet, *sans aucune augmentation pour la circonstance aggravante.*

Les nombreux jugemens d'acquittement prononcés, sous l'ancienne loi de recrutement, en faveur des soldats *retardataires* , attirèrent aussi des remontrances du même genre, de la part du ministre, aux conseils de guerre , qui ne pouvaient se résigner à baser des condamnations à trois ans de travaux publics sur une circulaire ministérielle.

Une circulaire, du 18 octobre 1821, voyait un oubli complet de leurs devoirs de la part des militaires composant les conseils de guerre, s'ils persistaient dans une indulgence nuisible au recrutement de l'armée.

« J'ai vu avec regret », disait à la même occasion une autre circulaire du 24 juillet 1829, « l'effet qu'ont
» produit sur l'opinion publique plusieurs jugemens
» d'acquittement obtenus en faveur de jeunes soldats
» qui n'avaient pas obéi à l'ordre d'appel pour le ser-
» vice actif. Si les lois actuelles étaient insuffisantes,
» il serait urgent de pourvoir à un pareil état de
» choses, et d'arrêter la désorganisation dont l'armée
» serait menacée ; mais il n'en est pas ainsi ; les lois
» actuelles suffisent, elles sont positives, et je dois
» croire que des soldats insoumis, traduits aux conseils,
» ont été acquittés, parceque les actes d'accusation
» n'étaient pas appuyés de preuves régulièrement
» établies. »

Les conseils de guerre n'en continuèrent pas moins, pour la plupart, à acquitter les retardataires, jusqu'à ce que la nouvelle loi de recrutement, du 21 mars 1831, eût expressément prévu ce genre de délit, et qu'elle l'eût puni, d'une manière plus juste, par un emprisonnement d'un mois à un an.

Nous ne rappellerons pas la circulaire du 26 mars

1834 qui prescrivait aux commissaires du Roi, près
les conseils de guerre, de discuter l'accusation et de
conclure, à l'exclusion des capitaines rapporteurs;
nous avons ailleurs suffisammeut combattu cette circulaire. (Voir page 5o)

Au reste, la question qu'elle soulevait vient d'être
souverainement décidée par la cour de cassation, et
d'une manière conforme aux principes que nous sou-
tenions avec presque tous les conseils de guerre et de
révision de France.

Voici le texte de l'arrêt rendu, le 19 décembre,
sur les conclusions conformes de M. le procureur-
général Dupin :

« Attendu que l'article de la loi du 13 brumaire an 5,
qui règle la manière de procéder au jugement des délits
militaires, porte : *Il y aura toujours près des conseils de
guerre un capitaine faisant les fonctions de commissaire
du pouvoir exécutif, tant pour l'observation des formes
que pour l'application et l'exécution de la loi;* que d'après
les articles 29 et 32, les membres du conseil doivent opiner
à huis clos, en présence seulement du capitaine faisant les
fonctions de commissaire du pouvoir exécutif, et que ce
commissaire doit requérir l'application de la peine prononcée
par la loi contre le délit, si l'accusé est déclaré coupable;

» Que la loi du 18 vendémiaire an 6, portant établissement de conseils permanens pour la révision des jugement
de conseils de guerre, confère, par l'article 12, au commissaire du pouvoir exécutif, le droit de se pourvoir d'office,
dans certains cas, contre les jugemens du conseil de guerre
auquel il est attaché, et par les moyens de nullité énoncés
dans l'article 16 de la même loi ;

» Que là se bornent les fonctions qui sont attribuées par
ces lois au commissaire du pouvoir exécutif;

» Qu'il n'en résulte pas pour lui le droit de discuter les

pièces, les dépositions des témoins, et les moyens à charge ou à décharge envers les prévenus;

» Que la présence du commissaire du pouvoir exécutif au délibéré du conseil de guerre a été introduite pour qu'il puisse veiller à l'observation des formes, et particulièrement à celles si importantes dans les tribunaux militaires, à cause de la subordination et de l'obéissance habituelle et nécessaire dans cette hiérarchie, à ce qu'en conformité de l'article 3o, le président recueille les voix, *en commençant par le grade inférieur, et donne son opinion le dernier*;

» Attendu que l'article 2 de ladite loi du 13 brumaire an 5, qui règle la composition des conseils de guerre, place près de chacun d'eux, comme *partie intégrante*, un capitaine faisant les fonctions de rapporteur;

» Que les fonctions qui lui sont confiées pour la réception de la plainte, l'information, les interrogatoires des prévenus, tout ce qui compose l'instruction jusqu'au jour où s'ouvre le débat public, sont énumérées depuis l'article 12 jusqu'au 22e inclusivement; qu'en conformité de l'art. 25, le président doit demander au rapporteur, en présence du public, *lecture du procès-verbal d'information et celle des pièces à charge et à décharge envers le prévenu;* ce qui constitue l'accusation, ou du moins les élémens dont elle doit résulter.

» Que les fonctions de capitaine rapporteur n'étaient pas nouvelles; que l'article 6 de la loi du 2e jour complémentaire, an 3, établissant à cette époque un nouveau mode pour le jugement des délits militaires, dont l'organisation a précédé immédiatement celle du 13 brumaire an 5, portait, dans ledit article 6, que le capitaine qui remplirait les fonctions de rapporteur près des conseils militaires, donnerait sur le compte des prévenus *les renseignemens qu'il aurait pu prendre, et produirait contr'eux, ou à leur décharge, toutes les pièces qui tendraient à les convaincre ou à les justifier; qu'il donnerait ses conclusions, mais que sa voix ne serait pas comptée;*

» Que si le législateur n'a pas reproduit toutes les dispositions de l'article 6 de la loi du 2e jour complémentaire, an 3, dans le 25e de celle du 13 brumaire an 5, on en peut induire seulement, ou qu'elles résulteraient suffisamment de celle-ci, de la lecture du procès-verbal d'in-

formation , des pièces à charge et à décharge envers le.
prévenu , ou qu'il a voulu resserrer l'accusation dans les.
limites de cette simple lecture ;

» Mais que s'il a pu s'élever quelque doute à ce sujet ,
lors de la promulgation de cette loi de l'an 5., l'opinion a été
pleinement fixée par ce qui a suivi ;

» Qu'en effet, l'article 26 de la loi du 18 vendémiaire
an 6, déjà cité, portant établissement des conseils permanens de révision, est ainsi conçu : *Le directoire exécutif*
est chargé d'envoyer aux conseils de guerre et de révision
des modèles de jugemens et décisions conformes aux dispo-
sitions de la loi du 13 brumaire de la précédente année ;

» Qu'en exécution de cet article 26, le directoire exécutif a fait adresser aux conseils de guerre permanens.,
conformément à son arrêté du 8 frimaire an 6, des modèles.
de jugemens dans lesquels on lit : « *Ouï le capitaine-rap-*
porteur dans son rapport et ses conclusions ; ».

» Que cet arrêté du directoire est un réglement d'administration publique qui puise même une autorité législative.
dans l'article 26 ci-dessus transcrit ; qu'il n'a donné lieu à.
aucune réclamation, quant à la décision qu'il présente, dans
le sein des conseils des *Anciens* et des *Cinq-cents*, qui.
avaient décrété la loi du 18 vendémiaire an 6 ; qu'il a été.
constamment exécuté depuis plus de 36 ans, et que, dans.
cet état, cette décision du directoire exécutif ne pourrait·
être changée que par une disposition législative postérieure ;.

» Attendu , d'ailleurs, que cette séparation des fonctions
d'accusateur public et de commissaire du roi ou du pouvoir·
exécutif était conforme à la législation générale alors existante, que cette séparation était consacrée par la loi des 16.
et 29 septembre 1791 , concernant la police de sûreté, la
justice criminelle et l'établissement des jurés ; par le code.
du 3 brumaire an 4, et qu'elle n'a cessé que lors de la.
promulgation et de l'exécution de la loi du 27 ventose an
8, qui a constitué une nouvelle organisation judiciaire ,.
et réuni, dans le commissaire du gouvernement, toutes les.
fonctions du ministère public ; que, dès-lors, en se reportant
à l'époque où fut faite la loi du 13 brumaire an 5 , on est
forcé de reconnaître que le législateur, en établissant des
formes plus expéditives pour l'instruction et le jugement

des crimes et des délits militaires, s'est conformé, quant
à la séparation des fonctions de capitaine-rapporteur et de
commissaire du pouvoir exécutif, à la législation générale
alors existante en matière criminelle.

» D'où il suit que ce conseil permanent de révision de la 13ᵉ
division militaire, en annulant, par la décision dénoncée du
4 juillet dernier, le jugement du premier conseil de guerre
permanent de cette division militaire du 27 juin précédent,
qui, contre les conclusions et l'opposition formelles du défenseur de l'accusé, avait conféré au capitaine, commissaire
du roi, le soin de soutenir l'accusation, n'a violé aucune loi;
mais a fait une juste application des lois existantes du 13
brumaire an 5, du 18 vendémiaire an 6 et de l'arrêté du
directoire exécutif du 8 frimaire an 6.

Le conflit, à l'occasion duquel est intervenu cet
arrêt qui condamne le ministre, prouve qu'il existe
encore des militaires qui comprennent leur indépendance comme juges ; mais combien n'en rencontrerons-
nous pas qui, pliés à la discipline, ne sauront pas résis-
ter à la volonté d'un supérieur, ou qui craindront de
déplaire à l'homme qui tient leurs destinées dans ses
mains ;

On a remarqué, à l'occasion de cette question des
commissaires du roi, que les conseils de révision
avaient, en général, montré plus d'indépendance que
les conseils de guerre ; c'est qu'aussi les juges qui les
composent sont plus élevés en grade. Pas un des
conseils de guerre, à notre connaissance, n'a, par un
jugement préjudiciel, repoussé l'intervention du commissaire du roi; ils se sont contentés de faire inscrire
dans les procès-verbaux d'audience les protestations

des défenseurs, laissant aux conseils de révision une initiative qu'ils auraient pu prendre eux-mêmes.

Que, dans les rapports ordinaires du service, des circulaires imposent des règles de conduite, rien de mieux ; là où il y a des supérieurs et des subordonnés, ces derniers doivent obéir ; mais du moment que les militaires siègent comme juges, ils n'ont plus d'autres supérieurs que la loi et leur conscience. En principe, l'influence ministérielle, dans les matières légales, est criminelle. Dans l'application, elle peut être dangereuse ; nous avons vu que plusieurs de ces circulaires contenaient des contradictions qui troublaient la distribution de la justice ; mais fussent-elles encore exemptes d'erreurs, elles auraient toujours l'inconvénient de faire oublier le texte de la loi pour les commentaires, et les juges des conseils de guerre ne sont que trop enclins à confondre, ce qui pourtant est bien différent, les lois, les ordonnances, et les actes ministériels.

IX.

CIRCONSTANCES ATTÉNUANTES.

L'ancien article 463 du code pénal ordinaire permettait aux tribunaux, lorsque le préjudice causé n'excédait pas 25 francs, et si les circonstances paraissaient atténuantes, de réduire l'emprisonnement même au-dessous de 6 jours et l'amende même au-dessous de 16 francs ; il permettait aussi, dans les mêmes cas, de prononcer séparément l'une ou l'autre de ces deux peines.

La nouvelle loi du 28 avril 1832, qui a apporté différentes modifications aux codes d'instruction criminelle et pénal, a étendu à tous les délits le bénéfice des circonstances atténuantes ; aux termes du nouvel article 463 « les peines prononcées par la loi contre » celui ou ceux des accusés reconnus coupables, en

» faveur de qui le jury aura déclaré les circonstances
» atténuantes, seront modifiées ainsi qu'il suit :

« Si la peine prononcée par la loi est la mort, la
» cour appliquera la peine des travaux forcés à perpé-
» tuité ou celle des travaux forcés à temps. Néanmoins,
» s'il s'agit de crimes contre la sûreté extérieure ou
» intérieure de l'Etat, la cour appliquera la peine de la
» déportation ou celle de la détention ; mais dans les
» cas prévus par les art. 86, 96 et 97, elle appliquera
» la peine des travaux forcés à perpétuité, ou celle des
» travaux forcés à temps.

» Si la peine est celle des travaux forcés à perpé-
» tuité, la cour appliquera la peine des travaux forcés
» à temps, ou celle de la réclusion.

» Si la peine est celle de la déportation, la cour
» appliquera la peine de la détention ou celle du ban-
» nissement.

» Si la peine est celle des travaux forcés à temps,
» la cour appliquera la peine de la réclusion, ou les dis-
» positions de l'art. 401, sans toutefois pouvoir réduire
» la durée de l'emprisonnement au dessous d'un an.

» Dans les cas où le code prononce le *maximum*
» d'une peine afflictive, s'il existe des circonstances
» atténuantes, la cour appliquera le *minimum* de la
» peine, ou même la peine inférieure.

» Dans tous les cas où la peine de l'emprison-
» nement et celle de l'amende sont prononcées par le

» code pénal, si les circonstances paraissent atténuantes,
» les tribunaux correctionnels sont autorisés, même en
» cas de récidive , à réduire l'emprisonnement même
» au-dessous de 6 jours, et l'amende même au-dessous
» de 16 francs ; ils pourront aussi prononcer séparé-
» ment l'une ou l'autre de ces peines, et même substi-
» tuer l'amende à l'emprisonnement, sans qu'en aucun
» cas , elle puisse être au-dessous des peines de police. »

Pour mettre le jury à même de prononcer sur les
circonstances atténuantes , le nouvel art. 341 du code
d'instruction criminelle , art. 5 de la loi du 28 Avril,
impose au président de la cour d'assises, à peine de
nullité, l'obligation d'avertir le jury que s'il pense,
à la majorité de plus de 7 voix, qu'il existe en faveur
d'un ou de plusieurs accusés reconnus coupables, des
circonstances atténuantes , il devra en faire la déclaration en ces termes :

*A la majorité de plus de 7 voix , il y a des circons-
tances atténuantes en faveur de tel accusé.*

Plusieurs conseils de guerre et de révision ont
pensé que le bénéfice de ces nouvelles dispositions
était applicable aux délits de leur juridiction ,
d'autres ont pensé le contraire. Pour faire cesser cette
divergence d'opinion, le ministre de la justice a déféré
à la cour de cassation , dans l'intérêt de la loi , trois
décisions, la 1ʳᵉ, en date du 28 Août 1832, par laquelle
le conseil permanent de révision de la 9ᵐᵉ division
militaire a confirmé un jugement rendu le 16 Août

1832, par le 2me conseil de guerre permanent de cette division, contre le nommé Héraut, fusilier.

La 2me, en date du 20 novembre 1832, par laquelle le conseil permanent de révision de la 3me division militaire a confirmé un jugement du 2^m conseil de guerre permanent de cette division, rendu le 13 novembre 1832, contre le nommé Toscant, cuirassier.

Enfin, la 3me, en date du 22 novembre 1832, par laquelle le conseil permanent de révision de la 2me division militaire, a annulé un jugement rendu le 16 octobre 1832 par le 2me conseil de guerre permanent de cette division, contre le nommé Falhum, tambour.

Ces trois décisions avaient jugé que l'on devait appliquer à la juridiction militaire les articles 5 et 94 de la loi du 28 Avril 1832, articles relatifs à la question des circonstances atténuantes, et à la pénalité, dans les cas où il a été déclaré qu'il existe de pareilles circonstances.

Les moyens indiqués par la lettre du ministre, à l'appui de la demande en cassation, sont qu'on ne peut étendre, par voie d'analogie et de conséquence, à une juridiction spéciale, un droit que le législateur paraît avoir réservé à la juridiction ordinaire ; que dans l'état actuel de la législation, la faculté de déclarer qu'il existe des circonstances atténuantes, telle que l'exercice en a été réglé par le code d'instruction criminelle, ne peut appartenir aux tribunaux militaires dont les membres sont chargés de prononcer sur l'existence du fait, ainsi que sur la culpabilité du prévenu, et d'appliquer la peine portée par la loi.

En conséquence, ces trois décisions paraissent au ministre contenir, tout-à-la-fois, une violation de l'art. 5 du code pénal, une fausse application de l'art. 463 du même code, ainsi que de l'art. 341 du code d'instruction criminelle, et une violation de l'art. 3o de la loi du 13 brumaire an 5, qui régle la manière de procéder aux jugemens des délits militaires.

Toutefois, le ministre ne se dissimule pas que des raisons puissent être invoquées à l'appui du système adopté par les décisions attaquées.

Me Dupin, procureur-général, s'était réservé, tout en requérant l'annulation des trois décisions précitées, de présenter à l'audience ses observations sur les questions importantes qu'elles soulevaient, et il n'a pas hésité à proclamer, avec cette vigueur de logique qui distingue ses réquisitoires, que, dans son opinion, le bénéfice des circonstances atténuantes était acquis aux délits soumis aux conseils de guerre. Voici l'analyse des moyens qu'il a présentés :

« L'article 5 du code pénal signifie seulement qu'on ne peut substituer les peines d'un code à l'autre, et que là où la loi militaire, pour un crime prévu, pour le vol, par exemple, prononce la peine des travaux forcés, il ne faut pas transporter la peine d'emprisonnement prononcée par la loi ordinaire.

» Cette disposition ne peut pas être invoquée ici. Il ne s'agit pas, en effet, de la substitution d'une peine à l'autre, mais de l'application d'un grand principe de la législation criminelle, qui plane sur toutes les juridictions.

» Lorsque la loi est muette, les tribunaux militaires doivent appliquer la loi générale. Ce principe est consacré formellement, même pour l'application des peines, par l'art. 18 du décret du 3 pluviôse an 11, titre 13, ainsi conçu :

» *Dans les cas non prévus par les lois pénales militaires, les tribunaux criminels et de police correctionnelle militaire appliqueront les peines énoncées dans les lois pénales ordinaires, lorsque le délit s'y trouvera classé.*

» S'il en est ainsi, lorsqu'il s'agit de *pénalité*, lorsqu'il s'agit d'emprunter au code pénal ordinaire *une peine*, à plus forte raison doit-il en être de même, lorsqu'il s'agit d'un grand principe de droit criminel.

» Ainsi, l'article 4 du code pénal dispose que « *nulle contravention, nul délit, nul crime, ne peuvent être punis des peines qui n'étaient pas prononcées par la loi avant qu'ils fussent commis.* »

» Pourrait-on répondre à celui qui invoquerait ce principe devant la juridiction militaire que l'article 5 du code pénal défend d'étendre ses dispositions aux délits militaires ? Assurément non.

» Il faut en dire autant du code d'instruction criminelle, des principes consacrés par les articles 1 et 2, et des principes sur les droits de la liberté de la défense ; et parmi les dispositions mêmes de la loi de 1832, de l'abolition de la mutilation, de la marque, du mode de déportation. Il y a là autant de principes généraux de toute législation criminelle, qui s'appliquent aussi bien aux juridictions militaires qu'aux juridictions ordinaires.

» Il en est de même de la doctrine des circonstances atténuantes. Pour l'exclure de la juridiction militaire, il faudrait prouver qu'elle est incompatible avec cette juridiction, et repoussée par sa nature.

» Mais loin de là.

» L'organisation des conseils de guerre, autant que celle du jury, se prête à son exécution littérale.

» Les juges prononcent, il est vrai, sur *le fait* et sur *le droit*, mais ces deux opérations du jugement sont distinctes ; la délibération et la déclaration, *sur le fait*, ont lieu d'abord ; ce n'est qu'après que cette déclaration est faite et acquise au procès que la peine est requise ; peu importe donc à la question que ce soient les mêmes juges qui aient ensuite à appliquer la peine.

» Il y a plus. Cette circonstance que les mêmes juges doivent prononcer sur le fait et sur le droit, offre un avantage qui ne se rencontre pas dans le jury ordinaire, car c'est le même juge qui prononcera l'existence des circonstances atténuantes, et qui ensuite réglera la peine.

» D'un autre côté, le projet de loi de 1832 n'a pas été conçu ni présenté comme un annexe au code pénal ordinaire ; il a été conçu dans une idée générale, et présenté sous un titre général : *Projet de loi relatif à des réformes dans la législation pénale.*

D'autres considérations se tirent de la nature et de l'état actuel du code pénal militaire.

» C'est dans ce code que les réformes sont le plus nécessaires ; que l'opinion des militaires et des jurisconsultes, que la raison publique les appellent le plus fortement.

» Les différens projets de loi sur la législation militaire contenaient le principe des circonstances atténuantes.

» Ce principe est notamment reconnu par l'article 20 de la loi du 2ᵉ jour complémentaire an 3, ainsi conçu ;

Le conseil prononcera sur tous les délits non énoncés en l'article 14 (il s'agit dans cet article de délits atroces, assassinat, viol, incendie) les peines portées au code pénal militaire ; il POURRA cependant les commuer et même les diminuer, suivant que les cas ou les circonstances en atténueront la gravité ; il ne pourra jamais les augmenter.

En conséquence, M. le procureur-général conclut au rejet du pourvoi,

Mais, la Cour,

[193]

Vu l'article 441 du code d'Instruction criminelle,

« Attendu que les lois antérieures ne sont abrogées ou modifiées par les lois postérieures, qu'autant que celles-ci ont eu évidemment pour objet de statuer sur les mêmes matières ;

» Attendu que la loi du 28 avril 1832 porte, dans son article premier, que les articles y désignés du code d'instruction criminelle sont abrogés et remplacés par les articles 2 et suivans de la dite loi, et que la même loi du 28 avril porte, art. 12, que les articles y désignés du code pénal sont abrogés et remplacés par les articles 13 et suivans de la loi précitée ;

» Attendu que, dès lors, il est évident par le texte même de la loi du 28 avril 1832, qu'elle n'a eu d'autre effet que de modifier le code pénal de 1810, et le code d'instruction criminelle de la même époque, et que la législation militaire n'a dû, ni pu, par conséquent, en recevoir aucune atteinte ;

» Attendu que l'article 5 du code pénal de 1810 déclare explicitement que ses dispositions ne s'appliquent pas aux contraventions, délits, et crimes militaires, et que l'article 484 du même code réserve itérativement, d'une manière implicite, l'effet et le maintien intégral de la législation militaire, et qu'ainsi lesdits articles 5 et 484 du code pénal ne sont pas du nombre de ceux dont la loi du 28 avril 1832 a prononcé l'abrogation ou la modification ;

» Attendu que la discussion de la dite loi, dans le sein des deux chambres législatives, n'offre aucune trace de l'intention du législateur d'étendre l'application des circonstances atténuantes aux faits militaires ; et qu'au contraire plusieurs amendemens, ayant pour objet d'étendre cette disposition nouvelle aux délits et contraventions non prévus par le code pénal de 1810, ont été rejetés ; d'où il suit que les circonstances atténuantes n'étant pas admises pour les simples délits militaires, elles ne peuvent pas l'être pour des crimes militaires ;

» Attendu que, si le paragraphe Ier de l'article 94 de la loi du 28 avril, qui forme l'article 463 du code pénal actuel, parle en général de l'application des circonstances atténuantes aux peines prononcées par la loi, cette expression ne peut pas s'entendre en ce sens, qu'elles s'appliqueraient aux peines prononcées par les lois militaires, puisque cette interprétation serait en contradiction formelle avec les articles

2 et 12 de la même loi, et avec les articles 5 et 484 du code pénal de 1810;

» Attendu que, d'ailleurs, les paragraphes 2 et suivans de l'article 463 précité réglent, d'après l'échelle des peines prononcées par le code pénal ordinaire, l'effet des circonstances atténuantes admises, pour chacun des crimes prévus et classés par le même code ; d'où il suit que cette échelle proportionnelle de réduction ne saurait s'appliquer à des peines et des crimes portés par les lois militaires, et qui peuvent y être classés d'une manière tout-à-fait différente des lois ordinaires ;

» Attendu que, dès-lors, les conseils de guerre, et les conseils de révision qui ont appliqué à des faits de leur juridiction l'article 94 de la loi de 28 avril 1832 formant l'article 463 du code pénal révisé, en ont fait une fausse application ;

» Attendu que la faculté d'atténuer les peines, en certains cas, qui était attribuée aux conseils militaires par l'art. 20 de la loi du 2e jour complémentaire de l'an 3, n'a pas été conférée aux conseils de guerre par la loi de leur institution qui est en date du 13 brumaire an 5, et est, d'ailleurs, en opposition avec les dispositions combinées des articles 32, 33 et 42 de cette dernière loi : d'où il suit que l'atténuation de peine, prononcée par les jugemens attaqués, constitue un véritable excès de pouvoir — par ces motifs, la Cour casse, etc.

Du 22 Mars 1833.

Malgré toute l'autorité d'un arrêt de cassation, le doute exprimé dans la lettre du ministre, et l'imposante opinion de M. Dupin, pourraient bien laisser long-temps encore les esprits indécis sur cette importante question. Pour nous, nous hésitons à admettre, d'une manière absolue, et le système de M. Dupin, et le système de la cour de cassation ; nous examinerons si, tout en repoussant l'application des circonstances atténuantes aux délits *purement militaires*, il ne serait pas possible de l'admettre pour les délits communs, prévus par le code pénal ordinaire, et qui ne sont punis par les conseils de guerre qu'à raison de la qualité des prévenus ?

Et ce qui nous fait repousser, pour les délits militaires, le bénéfice des circonstances atténuantes, c'est la perturbation que l'application de ces questions apporterait dans toute la législation militaire, dont la raideur calculée se refuse à une atténuation facultative.

En matière ordinaire, les délits sont classés dans un ordre rationnel, et sur une échelle établie d'après leur gravité morale. Non seulement le système pénal tout entier est gradué, mais encore chacune des peines présente une graduation de quotité ; de sorte qu'à tout délit, mitigé par les circonstances, une peine proportionnée est réservée.

Avec un tel système, on conçoit qu'une grande latitude puisse être laissée aux juges ; mais il n'en est pas de même en matière militaire, où les délits sont *de convention*. Le législateur a appliqué à chaque délit la peine qu'il a cru efficace, et, comme pour garantir les juges eux-mêmes contre tout relâchement dans l'application, il a voulu que cette peine fût fixe, déterminée.

Reconnaître maintenant aux juges militaires le droit de poser les circonstances atténuantes, pour les délits militaires , et leur permettre , en cas de résolution affirmative, de substituer à la peine déterminée une peine plus douce, n'est-ce pas aller contre l'intention précise du législateur ? et d'ailleurs, cette échelle, qui existe, légalement, officiellement établie dans notre code pénal ordinaire, n'étant pas dressée dans le code militaire, .où sera la règle que les juges devront suivre ? leur caprice ne sera-t-il pas leur seul guide ?

Ces inconvéniens , ou pour mieux dire, cette impossibilité d'appliquer les circonstances atténuantes, cesse alors qu'il s'agit d'un délit commun. Non seulement le juge peut se mouvoir dans les limites d'un *maximum* et d'un *minimum*; mais il peut encore descendre plus bas, le cas échéant, et la peine qu'il applique est toujours celle que le législateur a voulu appliquer au délit modifié par les circonstances.

Les conseils de guerre ayant le droit incontestable de recourir au code pénal ordinaire, pour les cas non prévus par les lois militaires , nous cherchons quelles raisons plausibles pourraient les empêcher d'appliquer un des principes du droit commun auquel ils ont recours? si c'est l'extrême rigueur du code pénal qui a motivé l'introduction du principe des circonstances atténuantes dans les procédures criminelles, pourquoi le soldat, soumis à ce code, pour un délit commun, ne profiterait-il pas des améliorations qui lui sont apportées ?

On objectera que , pour appliquer les circonstances atténuantes , il ne faut pas seulement recourir au code pénal ; mais le combiner avec le code d'instruction criminelle , et que les modifications apportées à ce dernier code n'ont changé en rien les dispositions de la loi du 13 brumaire an 5 — D'accord — Aussi nous hâtons-nous de déclarer que nous ne pensons pas que la position de la question des circonstances atténuantes soit obligatoire , à peine de nullité , pour les conseils de guerre ; le défaut de mention de la position de cette question nous semblera toujours impliquer la preuve que les juges n'ont pas voulu reconnaître de circonstances atténuantes ; mais si les juges en ont reconnu , et qu'après l'avoir déclaré, ils modifient en conséquence la peine , cette atténuation constituera-t-elle un abus de pouvoir ? voilà ce que nous ne saurions admettre , malgré les termes de l'arrêt de cassation et de la circulaire du 27 mars 1833.

Il est vrai que l'article 463 du code pénal semble n'attribuer le droit de substituer une peine à une autre , en considération des circonstances atténuantes, qu'aux cours d'assises et aux tribunaux correctionnels ; mais, comme l'a fort bien fait observer M. Dupin , le principe des circonstances atténuantes est un principe général qui domine la législation et qui doit être adapté à toutes les juridictions où son application est possible. Cette application est-elle possible en matière militaire ? Nous avons essayé de démontrer qu'il y avait eu, pour les délits purement militaires, un obstacle qui provenait tout-à-la-fois de l'esprit de la législation et du défaut d'échelle pénale ; mais cet obstacle disparait alors qu'il s'agit d'un délit commun. Quel qu'inflexibles que paraissent les dispositions de la loi de Brumaire qui règlent les fonctions du président, elles se prêtent cependant à l'introduction d'une question, rendue indispensable par la loi du 15 mai 1829, et cette question est précisément relative aux circonstances atténuantes. Pour motiver la substitution de la peine de la réclusion ou de celle de l'emprisonnement à la peine des travaux forcés, le jugement doit contenir la mention que la question des circonstances atténuantes a été posée et résolue affirmativement, autrement, il y aurait matière à cassation du jugement, la peine principale, portée contre les coupables des crimes prévus par cet article, étant celle des travaux forcés.

Si donc, à l'occasion de l'article premier de la loi du 15 juillet 1829, les conseils de guerre peuvent admettre les circonstances atténuantes, et doivent, quand ils usent de cette faculté, poser la question nécessaire, sans recourir à l'article 341 du code d'instruction criminelle, et malgré la loi du 13 brumaire, pourquoi ne le pourraient-ils pas, alors qu'il s'agit d'un délit commun qui est également susceptible de modifications ?

C'est, au reste, ce qu'ils font, malgré l'arrêt, et

[199]

malgré la circulaire, et nous pourrions citer à l'appui de ce que nous avançons le jugement rendu le 5 août 1834, contre le directeur de l'hôpital militaire de Dunkerque, condamné par le Ier conseil de la 16e division militaire à 2 ans de prison, bien qu'il eût été déclaré coupable du crime de soustraction de pièces comptables, prévu par l'article 169 du code pénal ordinaire, et puni des travaux forcés.

Ce jugement n'a point été attaqué en révision.

Il serait à désirer que la cour de cassation fut appelée à prononcer sur une espèce où la question des circonstances atténuantes aurait été posée à l'occasion d'un délit commun, et non à raison d'un délit militaire, peut-être la décision serait-elle différente ; dans tous les cas, elle ferait cesser une incertitude contraire à la bonne distribution de la justice.

X.

OMNIPOTENCE DES CONSEILS DE GUERRE.

Toutes les lois pénales militaires, dont nous avons parlé, contiennent cette finale qui prouve la prévoyance du législateur « que tout délit militaire, non compris dans le dernier code, sera puni conformément aux lois précédemment rendues. »

D'un autre côté, le décret du 3 pluviose an 11, donne aux conseils de guerre la faculté d'appliquer les lois pénales ordinaires, dans les cas non prévus par les lois militaires.

Certes, avec une telle latitude laissée aux juges, l'impunité n'était guère à craindre, et l'on conçoit difficilement que le législateur ait poussé la précaution

jusqu'à armer les conseils du droit de déclarer punissable un fait non prévu, et de le punir des peines
de l'un ou de l'autre code. C'est pourtant ce qu'a tenté
un décret impérial du premier mai 1812.

Ce décret avait pour objet principal de créer un
tribunal extraordinaire chargé de juger les généraux
ou commandans militaires qui auraient souscrit une
capitulation déshonorante.

L'article 8 de ce décret était ainsi conçu :

« Les juges décideront dans leur âme et conscience,
» et d'après toutes les circonstances du fait, si le délit
» existe, si le prévenu est coupable, et s'il convient
» de lui appliquer la peine de mort.

» Lorsqu'il se présentera des circonstances atté-
» nuantes, la peine de mort pourra être commuée
» en la peine de la dégradation, ou en celle de la
» prison, pour un temps qui sera déterminé par le
» jugement. »

Limitée au délit spécial que tant de circonstances
peuvent modifier, cette latitude laissée aux juges
était équitable, elle était nécessaire ; peut-on dire la
même chose de l'extension que vint lui donner l'article 10 du même décret ?

« La règle, dit cet article, établie par l'article 8,
» est déclarée applicable, *dans les jugemens des*
» *conseils ordinaires, à tous les cas non prévus par*
» *les lois militaires.* Les juges appliqueront alors,
» en leur âme et conscience, et d'après toutes les

» circonstances du fait, une des peines du code pénal
» civil ou militaire qui leur *paraîtra* proportionnée.
» au délit. »

Ce décret ne fut pas, dans l'origine, parfaitement
compris par les juges dont il faisait des législateurs ;
la plupart d'entr'eux l'interprêtèrent au profit des accusés, et allèrent en chercher l'application, non
dans le premier paragraphe de l'article 8 relatif à
l'appréciation des circonstances du fait, mais dans le
second paragraphe relatif au tempérament à apporter
à la peine, en cas de circonstances atténuantes, et
ne se firent aucun scrupule d'appliquer cette théorie,
même aux délits prévus par le code.

Aussi, quatre mois après, le 22 septembre 1812, un
avis du conseil d'état, approuvé par l'empereur, au
quartier impérial de Moscou, ramena les conseils de
guerre aux vrais principes du décret, en établissant
que la règle prescrite par l'article 10 du décret du
premier mai « ne devait être suivie que dans les cas
» non prévus par les lois pénales soit militaires, soit
» civiles. »

Ainsi interprêté, le décret du premier mai 1812
investit les conseils de guerre du droit le plus exorbitant, celui de considérer, comme délits ou crimes, des
faits non prévus par la loi, et de les frapper, à leur gré,
de la pénalité la plus rigoureuse. Ce droit, accordé à
des tribunaux réguliers, à des magistrats indépendans et inamovibles, serait encore, dans l'état de

nos institutions , une monstruosité judiciaire ; comment le qualifier , lorsqu'il est attribué à des juges militaires , dépendans de léurs supérieurs hiérarchiques , et soumis , ainsi que nous l'avons vu , à l'influence des circulaires ?

Si , dans des temps de perturbation politique , il arrivait que l'on voulût soustraire des citoyens à leurs juges naturels , pour les traduire devant les tribunaux militaires , quel accusé, le plus innocent de tous, pourrait se flatter de disputer, avec succès, sa tête au pouvoir qui lui donnerait des juges choisis par lui , aux juges qui le déclareraient coupables d'un délit créé par eux ! Et ceci n'est point une supposition chimérique. En 1832 , des citoyens furent traduits devant les conseils de guerre , et le ministre d'alors , dans la série des lois applicables qu'il adressa à ces conseils , pour leur rappeler ce qu'ils avaient à faire , comprit le décret du premier mai 1812.

Pourtant , il est évident que la règle prescrite par l'article 10 de ce décret a cessé d'être en vigueur, comme contraire non seulement à l'esprit de nos institutions , mais encore au texte formel de nos lois.

« M. Legraverend , rapporte M. Dalloz , fait avec
» raison observer que cette règle est diamétralement
» contraire à l'article 364 du code d'instruction cri-
» minelle , qui veut que *l'accusé soit absous si le fait*
» *dont il est déclaré coupable n'est pas défendu par*
» *une loi pénale* , et qu'elle ne peut se concilier avec

» la Charte constitutionnelle qui , en déclarant tous
» les Français égaux devant la loi , ne veut pas que
» l'on puisse soumettre les militaires à une peine ,
» dans le cas ou un autre citoyen serait absous. »
(Legraverend , Traité de législation criminelle, t. 2.
p. 654. et Dalloz, V° Compétence , section XII).

M. Merlin , Rép. t. 17. p. 295 et 296, considère
également cette règle comme arbitraire et comme
contraire à la règle générale , posée par l'article 4 du
code pénal, qui porte que » nulle contravention , nul
» délit, nul crime ne peuvent être punis de peines
» qui n'étaient pas prononcées par la loi avant qu'ils
» fussent commis « règle conforme à la nature des
choses , et au principe que les lois n'agissent que sur
l'avenir.

A ces autorités , à ces textes , s'il était nécessaire
d'ajouter encore quelque chose, nous puiserions dans
la législation militaire elle-même, et nous citerions
l'article 2 du code du 19 octobre 1791 , ainsi conçu :

« Aucun fait ne peut être imputé à délit militaire ,
» s'il n'est déclaré tel par la loi. »
Le décret de 1812, assez souvent invoqué par les capitaines-rapporteurs, est rarement appliqué par les juges.
Nous nous rappelons cependant deux faits.
Le 20 mai 1834, le nommé Guittin , fusilier dans
une compagnie de discipline , comparaissait devant le
premier conseil de la 16ᵉ division , pour avoir déchiré
son havre-sac, objet de petit équipement.

La loi du 15 juillet 1829 prévoit et punit la vente, la mise en gage, et la *dissipation* des effets d'habillement et d'équipement. A l'égard des effets, dits de petit équipement, elle ne punit (article 6) que la vente et la mise en gage.

Est-ce par oubli, c'est possible ; est-ce avec intention, c'est plus probable.

Le peu de gravité d'un semblable délit, la faible valeur des objets dissipés, et surtout la considération qu'ils appartiennent aux soldats, qu'ils sont payés par leur masse, toutes ces raisons ont pu empêcher le législateur de porter une peine contre les militaires coupables de dissipation d'effets de petit équipement ; toutefois elles n'ont pu empêcher le conseil de guerre de trouver là une lacune et d'essayer de la combler à l'aide du décret de 1812, en condamnant Guittin à un an de prison.

L'autre fait est plus ancien et plus grave. C'était le 18 septembre 1832 ; deux musiciens au 20ᵉ léger, les nommés Perrou et Bernier étaient accusés devant le même conseil d'être les instigateurs d'un complot tendant à . . . . . refuser de jouer de la musique à l'exercice, aussi long-temps qu'on ne leur aurait pas permis de porter une épée et des bottes.

Le conseil, ne pouvant se décider à punir cette conspiration *instrumentale* des peines terribles portées par la loi du 21 brumaire an 5 contre la désobéissance combinée (mort ou 10 ans de fers), et pensant, d'un autre côté, qu'elle devait être réprimée, appliqua le décret de 1812, et condamna les deux musiciens à 5 ans de réclusion et à la dégradation.

La sévérité de cette peine, arbitrairement portée, frappa les juges du conseil de révision qui annulèrent le jugement, mais par des motifs indépendans de l'application du décret.

Perrou et Bernier furent acquittés par le second conseil.

L'abrogation de ce décret est dans la conscience de presque tous les juges, il serait à désirer qu'elle fût consacrée par un arrêt de cassation.

PROJET DE LOI

SUR LE CODE PENAL MILITAIRE,

Amendé par la chambre des Pairs , en 1829.

———

Le Code Pénal que nous rapportons ici est le résultat des savantes et consciencieuses discussions de la Chambre des Pairs , sur le projet de loi présenté par M. le Ministre de la Guerre , De Caux , en 1829, et sur le travail d'une Commission choisie dans le sein même de la chambre.

Sans les évènemens qui ont renversé le ministère Martignac, ce Code, qui satisfait aux besoins de l'armée , aurait été soumis à la Chambre des Députés , et serait très-probablement converti en loi depuis long-temps.

Comme, malgré le vote des Pairs sur l'ensemble de ce projet, les différentes dispositions dont il se compose sont restées éparses dans les procès-verbaux des séances, nous avons pensé qu'il ne serait pas sans intérêt de les réunir en corps de loi ; obligés , pour faire avec soin ce travail, de suivre , dans le *Moniteur*,

article par article, les discussions fréquemment inter-
rompues par les renvois à la commission, nous avons
pu commettre quelques erreurs ; mais nous pensons
qu'elles porteront moins sur le fond des dispositions
que sur leur rédaction et sur l'ordre des numéros.

PREMIERE PARTIE.

DISPOSITIONS APPLICABLES, TANT DANS LES DIVISIONS TERRITORIALES QU'A L'ARMÉE.

Titre premier.

CLASSIFICATION ET DÉFINITION DES PEINES.

— ARTICLE PREMIER. Les Peines des Crimes sont :
La Mort,
Les Travaux Forcés,
La Réclusion,
La Dégradation militaire,
La Détention dans une forteresse,
Le Boulet.

— ART. 2. Les Peines des Délits sont :
La Destitution,
Les Travaux Publics,
L'Emprisonnement.

— ART. 3. Tout individu condamné à la peine de mort sera fusillé.

— Art. 4. La peine de mort, prononcée par les tribunaux militaires, entraînera la dégradation militaire, dans les deux cas suivans :

1° Lorsqu'elle sera prononcée en vertu des dispositions du code pénal ordinaire ;

2° Lorsque la présente loi le prescrira par une disposition expresse.

— Art. 5. Les travaux forcés et la réclusion seront appliqués, quant à leur durée, dans les limites fixées par le code pénal ordinaire.

Ces deux peines conserveront les effets déterminés par les articles 18, 28, 29, 30, 31, 47, 70 et 71 de ce code. (a)

— Art. 6. Tout condamné, par les tribunaux militaires, aux travaux forcés et à la réclusion, sera préalablement dégradé, sans que les autres peines portées par le dernier paragraphe de l'article 7, et par les articles 20 et 22 du code pénal ordinaire, puissent lui être appliquées. (b)

— Art. 7. Le condamné à la dégradation militaire sera conduit devant la troupe sous les armes ; il y

(a) Les articles cités dans ces articles sont relatifs à la mort civile, à la dégradation civique, à l'interdiction légale des condamnés, à la nomination d'un tuteur, à la gestion de leurs biens, à la surveillance de la police, à un changement à apporter aux peines des travaux forcés et de la déportation, lorsque les coupables sont septuagénaires.

(b) Le dernier paragraphe de l'art 7 du code de 1810, était relatif à la marque et à la confiscation, qui pouvaient être prononcées concurremment avec une peine afflictive.

Les art. 20 et 22 du même code, concernaient les formes de la flétrissure et de l'exposition au carcan.

On sait que la confiscation a été abolie par la charte de 1814, et que lamarque n'existe plus depuis la loi du 28 Avril 1832.

entendra la lecture de son jugement ; après cette lecture , le commandant prononcera ces mots à haute voix : N. (nom et prénom du condamné) *Vous êtes indigne de porter les armes..... de par le Roi nous vous dégradons !* Aussitôt après , tous les signes militaires, et les décorations dont le condamné sera revêtu, seront enlevés ; et, s'il est officier , son épée sera brisée et jetée à terre devant lui.

La dégradation militaire entrainera :

1° La privation du grade et du droit d'en porter les signes distinctifs et l'uniforme ;

2° L'incapacité absolue de servir dans l'armée , à quelque titre que ce soit ;

3° La privation du droit de porter aucune décoration ;

4° Les incapacités déterminées par l'article 28 du code pénal ordinaire.

La dégradation, portée comme peine accessoire, sera toujours accompagnée d'un emprisonnement dont le durée sera fixée par le jugement, mais qui n'excédera pas cinq années.

Le militaire dégradé ne pourra obtenir ni pension ni récompense à raison de ses services antérieurs.

— ART. 8. La durée de la peine du boulet sera au moins de trois ans et de dix ans au plus.

Le condamné à cette peine portera un vêtement particulier, différent de celui des condamnés aux travaux publics, et trainera un boulet attaché à une chaîne de fer. Le poids total du boulet et de la chaîne ne sera pas au-dessus de quatre kilogrammes.

Le condamné sera conduit, ainsi vêtu, devant la troupe rassemblée sous les armes, et y entendra la lecture de son jugement.

Le condamné au boulet sera employé à des travaux d'utilité publique, autres que ceux destinés aux condamnés aux travaux forcés.

La condamnation à la peine du boulet entraînera incapacité de tout service militaire.

— Art. 8 (nouveau) La durée de la détention dans une forteresse sera au moins de trois ans et de dix ans au plus.

La détention dans une forteresse entraînera la privation du grade, et du droit d'en porter les insignes et l'uniforme.

L'officier condamné sera inhabile à rentrer au service, il n'aura droit à aucune pension ni récompense à raison de ses services antérieurs.

— Art. 9. La destitution entraînera la privation du grade et du droit d'en porter les signes distinctifs et l'uniforme.

L'officier destitué n'aura droit à aucune pension ni à aucune récompense à raison de ses services antérieurs.

— Art. 10. La durée de la peine des travaux publics sera au moins de deux ans et de huit ans au plus.

Le condamné à cette peine portera un vêtement dont la forme et la couleur seront déterminés par les réglemens.

Le condamné sera conduit, ainsi vêtu, devant la

troupe rassemblée sous les armes, et y entendra la lecture de son jugement.

Le condamné aux travaux publics ne pourra, dans aucun cas, être employé aux mêmes ateliers que ceux des condamnés au boulet.

— Art. 11. La durée de la peine de l'emprisonnement sera au moins de deux mois et de cinq ans au plus, sauf ce qui est prescrit par l'article 104 de la présente loi.

— Art. 12. La peine du boulet et des travaux publics ne pourra être appliquée qu'aux sous-officiers et soldats.

Lorsque des tribunaux militaires appliqueront à des militaires les dispositions du code pénal ordinaire, la peine de l'amende, prononcée par ce code, sera remplacée par un emprisonnement de deux à six mois, et celle de l'interdiction à temps de tout ou partie des droits civils, portée en l'article 42 du même code, par un emprisonnement d'un à cinq ans.

— Art. 13. Les fonctionnaires, agens et employés militaires, justiciables des tribunaux militaires, seront, quand il s'agira d'appliquer les dispositions de la présente loi, considérés comme officiers, sous-officiers et soldats, suivant le grade auquel leur rang aura été assimilé par les ordonnances du roi.

— Art. 14. La durée des peines prononcées par les tribunaux militaires se comptera, savoir : celle des travaux forcés et de la réclusion, du jour de la dégradation militaire ; celle du boulet et des travaux publics, du jour de la lecture du jugement devant.

la troupe ; les autres peines se compteront du jour
où le jugement sera devenu exécutoire, et dans le
cas où le condamné à l'emprisonnement ne serait pas
en prison, du jour de son écrou, en vertu du jugement de condamnation.

— ART. 15. Toute condamnation prononcée contre
un officier, par quelque tribunal que ce soit, pour
l'un des délits prévus par les art. 401, 405, 406 et
408 du code pénal ordinaire, entraînera en outre la
peine de la destitution. (a)

— ART. 16. La durée des peines prononcées pour
délits contre des militaires, par quelque tribunal que
ce soit, ne sera jamais comptée comme temps de service militaire.

La durée des informations judiciaires ne sera
comptée comme service qu'en cas d'acquittement ou
d'absolution, ou si ces informations n'ont pas été
suivies de mise en jugement.

— ART. 17. Tout condamné pour délit à une peine
de plus d'un an, par quelque tribunal que ce soit,
sera, en cas de nouveau délit de la compétence des
tribunaux militaires, condamné au maximum de la
peine portée par la loi.

— ART. 18. Les tribunaux militaires se conforme-
ront, pour ce qui concerne la tentative, la complicité
et les personnes excusables, aux dispositions des
art. 2, 3, 59, 60, 61, 62, 63, 64, 65, du code pénal
ordinaire.

— ART. 19. Les dispositions du chapitre 5 du titre 7

(a) Il s'agit dans ces articles, des larcins, filouteries, escroqueries
et abus de confiance.

du livre 2 du code d'instruction criminelle , sont applicables aux jugemens des tribunaux militaires , ainsi qu'aux actions publiques résultant d'un crime ou délit de la compétence des tribunaux militaires.

Toutefois, pour les sous-officiers et soldats , l'action publique , résultant de la désertion , ne se prescrira qu'après huit ans révolus , à compter du jour de l'expiration du temps de service dû par le déserteur au moment de sa désertion.

— Art. 20. Lorsque les peines déterminées par la présente loi seront moins rigoureuses que celles qui sont portées par les lois antérieures , elles seront appliquées aux crimes et délits commis et non encore jugés au moment de sa promulgation.

— Art. 21. Aucune des peines portées au présent titre ne pourra être infligée que par jugement.

Titre deux.

DES CRIMES ET DÉLITS MILITAIRES.

CHAPITRE I.

De la Trahison , de l'Espionnage , de l'Embauchage.

SECTION 1re. — *De la Trahison.*

— Art. 22. Sera puni de la peine de mort ,

1° Tout militaire français qui sera saisi portant les armes contre la France ;

2° Tout prisonnier de guerre qui , ayant faussé sa parole , sera repris les armes à la main. (a)

— Art. 23. Sera puni de la peine de mort , précédée de la dégradation militaire, tout militaire qui, dans l'intention de trahir, ou dans tout autre but criminel,

1° Aura livré à l'ennemi ou à tout autre , dans l'intérêt de l'ennemi , soit la troupe qu'il commandait , soit la place qui lui était confiée , soit les approvisionnemens de l'armée , des places de guerre et des arsenaux maritimes , soit le mot d'ordre ou le secret d'une opération, d'une expédition ou d'une négociation;

2° Aura entretenu avec l'ennemi , de quelque manière que ce soit , des intelligences tendant à favoriser ses entreprises ;

3° Aura participé à des complots tendant à forcer le commandant d'une place assiégée de se rendre ou de capituler.

— Art. 24. Sera puni de la peine de mort , précédée de la dégradation militaire , tout militaire qui, pour favoriser les entreprises de l'ennemi , ou dans tout autre but criminel,

1° Aura provoqué à la fuite ou empêché le ralliement en présence de l'ennemi ;

2° Aura détruit ou fait détruire des approvisionnemens en armes , vivres ou munitions ;

(a) L'article primitivement adopté était ainsi conçu : « sera puni de la peine de mort, précédée de la dégradation militaire, tout, etc ; mais sur l'observation qu'il était impossible d'appliquer la dégradation aux prisonniers de guerre, la rédaction a été changée. — Toutefois, il a été bien entendu que cette dernière peine devait être appliquée aux Français coupables du crime prévu par cet article.

[219]

— Art. 24 (*bis.*) Sera puni de la peine de mort
tout chef militaire qui, sans provocation ou sans ordre
ou autorisation, aura dirigé ou fait diriger une attaque
à main armée, contre des troupes ou des sujets quelconques d'une puissance alliée ou neutre.

Sera puni de la destitution tout chef militaire qui,
sans ordre ou autorisation, aura commis un acte
d'hostilité quelconque, soit sur un territoire neutre,
soit sur un territoire allié, en violation des traités.

— Art. 25. Sera puni de la peine de mort tout
chef militaire qui prolongera les hostilités, après avoir
reçu l'acte officiel de la paix, d'une trève ou d'une
amnistie.

SECTION 2. — *De l'Espionnage et de l'Embauchage.*

— Art. 26. Sera coupable du crime d'espionnage
et puni de la peine de mort, précédée de la dégradation
militaire,

1° Tout militaire qui se sera introduit dans une
place de guerre, dans un poste ou établissement
militaire, dans les camps, bivouacs ou cantonnemens
d'une armée, pour s'y procurer des documens et renseignemens dans l'intérêt de l'ennemi;

2° Tout militaire qui, sans s'être introduit dans une
place, ou poste, ou établissement militaire, aura, dans
l'intérêt de l'ennemi, cherché à obtenir des documens

susceptibles de compromettre la sûreté de ces places, postes ou établissemens.

3° Tout ennemi qui se sera introduit déguisé, dans un des lieux ci-dessus désignés ; (*a*)

4° Tout militaire qui aura recélé ou fait recéler les espions ou les soldats ennemis, envoyés à la découverte, et qu'il aura connus pour tels.

— Art. 27. Sera coupable d'embauchage et puni de la peine de mort, précédée de la dégradation militaire, tout militaire convaincu d'avoir provoqué des militaires ou des assimilés aux militaires à passer à l'ennemi, de leur en avoir sciemment facilité les moyens, de les avoir, sans autorisation, enrôlés pour un service étranger, ou de les avoir engagés à se réunir à des rebelles armés contre l'autorité du roi.

CHAPITRE II.

Des Infractions graves dans le service.

— Art. 28. Sera puni de mort tout gouverneur ou commandant,

1° Qui livrera sa place, sans avoir forcé l'assiégeant de passer par les travaux lents et successifs des sièges, et avant d'avoir repoussé, au moins, un assaut au corps de place, sur des brèches praticables ;

(*a*) Voir la note de l'art. 22.

2° Qui rendra sa place sans avoir satisfait aux obligations qui lui sont imposées par les lois, instructions et réglemens militaires ;

3° Qui, dans sa capitulation, séparera son sort ou le sort des officiers de celui des soldats.

— ART. 29. Sera puni de mort tout général ou officier commandant qui capitulera en rase-campagne, soit verbalement, soit par écrit, sans avoir fait tout ce que lui prescrivaient le devoir et l'honneur.

— ART. 30. Dans les cas prévus par les deux articles précédens, s'il existe des circonstances atténuantes, la peine pourra être celle de la destitution ou celle de l'emprisonnement pour un temps qui n'excédera pas cinq années.

— ART. 31. Toute sentinelle ou védette qui, placée en avant d'une troupe ou d'un poste exposé aux attaques immédiates de l'ennemi, ou sur les remparts d'une place assiégée ou investie, abandonnera sa faction, sans avoir rempli sa consigne, sera punie de mort, si, par suite de ce crime, la sûreté de la troupe, du poste, de la place, ou de la garnison, a été compromise ; dans le cas contraire, ou s'il existe des circonstances atténuantes, la peine sera de trois à dix ans de boulet.

A la guerre, et dans tous autres cas que ceux prévus ci-dessus, toute sentinelle ou védette qui abandonnera sa faction, sans avoir rempli sa consigne, sera punie de cinq à huit ans de travaux publics ; en cas de circonstances atténuantes, la peine sera réduite à un emprisonnement d'un à trois ans.

Dans tout autre cas, la peine sera d'un emprisonnement de trois mois à un an.

— ART. 32. Toute sentinelle ou védette trouvée endormie près de l'ennemi ou sur les fortifications d'une place assiégée ou investie, ou qui aurait compromis les postes et magasins placés sous sa garde, sera punie de deux à cinq ans de travaux publics ; en cas de circonstances atténuantes, la peine pourra être réduite à un emprisonnement d'un à deux ans ; dans tous les autres cas, à la guerre, la peine sera de six mois à un an d'emprisonnement.

Hors les cas prévus ci-dessus, toute sentinelle ou védette trouvée endormie sera punie de deux à six mois d'emprisonnement.

— ART. 33. Toute sentinelle ou védette qui se laissera relever par d'autres que par les caporaux ou brigadiers du poste, dont elle fait partie, sera punie de deux à six mois d'emprisonnement.

— ART. 34. Tout militaire qui, sans ordre ou sans autorisation, et pour toute autre cause que celle de force majeure, abandonnera le poste où il était de garde ou de service, sera puni de la peine de mort, si ce poste avait pour objet la sûreté d'une place ou d'une troupe exposée aux attaques immédiates de l'ennemi.

A la guerre, et hors de la présence de l'ennemi, le militaire qui aura abandonné son poste, sera puni d'un à deux ans d'emprisonnement ; dans tous autres cas, la peine sera réduite à un emprisonnement de deux à six mois.

Si le coupable est chef de poste, le maximum de la peine lui sera toujours infligé.

— Art. 35. En temps de guerre, dans les places déclarées en état de siège, et dans les armées en présence de l'ennemi, tout militaire qui, sciemment, et sans empêchement légitime, ne se rendra pas à son poste, en cas d'alarme, ou lorsque la générale aura été battue, sera puni, s'il est officier, de la destitution ; s'il est sous-officier ou soldat, d'un à deux ans d'emprisonnement.

En cas de circonstances atténuantes, la peine pourra être réduite, pour les officiers, à un emprisonnement d'un à deux ans, et pour les sous-officiers et soldats, à un emprisonnement de trois mois à un an.

— Art. 36. Tout militaire qui s'introduira, sans autorisation, dans des lieux où des sauve-gardes auront été placées, sera puni d'un emprisonnement de trois mois à un an, sans préjudice de condamnations plus fortes, s'il y a eu des violences envers les sauve-gardes, conformément à l'article 45 du présent code.

— Art. 37. Tout militaire qui, dûment appelé à siéger dans un conseil de guerre, ne s'y sera pas rendu, sera, à moins d'excuse légitime, puni d'un emprisonnement de deux à six mois.

— Art. 38. Tout militaire dûment cité comme témoin, soit devant un tribunal militaire, soit devant l'officier chargé de l'instruction, qui, sans excuse légitime, ne se sera pas rendu à la citation, sera puni d'un emprisonnement de deux à six mois.

— Art. 39. Les dispositions des articles 237, 238, 239, 240, 241, 242, 243, 247 et 248 du code pénal ordinaire, sont applicables, selon les circonstances et la nature du crime ou délit, aux militaires qui auront laissé évader des prisonniers de guerre ou des individus justiciables des tribunaux militaires, arrêtés ou détenus, ou qui auront favorisé ou procuré l'évasion de ces individus, ou les auront recélés ou fait recéler.

CHAPITRE III.

De la Révolte et de l'Insubordination.

———

— Art. 40. Seront considérés comme étant auteurs de révolte, et punis de mort,

1° Les militaires sous les armes, qui, réunis au nombre de quatre, au moins, et agissant de concert, refuseront, à la première sommation, d'obéir aux ordres de leurs chefs ;

2° Les militaires au nombre de quatre, au moins, qui prendront les armes sans autorisation, et agiront contre les ordres de leurs chefs ;

3° Les militaires, qui, réunis au nombre de huit, au moins, et se livrant à des excès ou à des violences, refuseront de se disperser ou de rentrer dans l'ordre, au commandement d'un supérieur.

Néanmoins, dans tous les cas prévus par le présent article, s'il est reconnu qu'il existe parmi les coupables un ou plusieurs instigateurs, ou chefs de la révolte, ceux-là seuls encourront la peine de mort.

Les autres coupables seront passibles de trois à dix ans de boulet, s'ils sont sous-officiers ou soldats, et de trois à dix ans de détention dans une forteresse, s'ils sont officiers.

— Art. 41. Tout militaire qui, étant commandé pour marcher contre l'ennemi, ou pour tout autre service ordonné par son chef, en présence de l'ennemi, aura refusé formellement d'obéir, sera puni de mort, précédée de la dégradation militaire.

— Art. 42. Dans les cas autres que ceux prévus par les articles précédens, toute désobéissance, accompagnée d'un refus formellement exprimé d'obéir, sera punie d'un emprisonnement de trois mois à un an.

— Art. 43. Sera puni de mort tout militaire qui, dans quelque position, ou de quelque manière que ce puisse être, violera ou forcera, en présence de l'ennemi, une consigne ayant pour objet la sûreté de l'armée ou celle d'une place assiégée.

Si, néanmoins, la sûreté de l'armée ou de la place assiégée n'a pas été compromise par cette violation, la peine sera réduite à celle de trois à dix ans de boulet, pour les sous-officiers et soldats, et à celle de trois à dix ans de détention dans une forteresse, pour les officiers.

— Art. 44. Tout militaire qui violera, en présence de l'ennemi, une consigne, ayant pour objet la sûreté des parcs d'artillerie, sera condamné à la peine de trois à dix ans de boulet, s'il est sous-officier ou soldat, et à celle de trois à dix ans de détention dans une forteresse, s'il est officier.

En cas de circonstances atténuantes, la peine pourra être réduite à celle de huit ans de travaux publics, pour les sous-officiers et soldats, et à celle de la destitution, pour les officiers.

Dans tout autre cas que ceux prévus par les deux paragraphes précédens, la violation de consigne sera punie d'un emprisonnement de six mois à trois ans.

— Art. 45. Tout militaire qui se rendra coupable de violences, à main armée, envers une sentinelle ou védette, sera puni de mort.

Lorsque les violences, envers la sentinelle ou védette, auront été commises par deux ou plusieurs militaires, non armés, la peine sera celle de deux à huit ans de travaux publics, pour les sous-officiers et soldats, et celle de la destitution, pour les officiers.

La peine sera réduite à un emprisonnement d'un à cinq ans, lorsque les voies de fait auront été commises par un seul militaire non armé.

— Art. 46. Tout militaire convaincu d'attaque ou de résistance avec violence contre la force armée, sera puni conformément aux articles 209, 210, 211, 212, 213 et 216 du code pénal ordinaire.

S'il est reconnu qu'il existe, parmi les coupables, un ou plusieurs instigateurs ou chefs de la rébellion, ils seront condamnés au maximum de la peine déterminée par la loi.

— Art. 47. Tout sous-officier ou soldat qui, pendant le service, ou à l'occasion du service, exercerait des voies de fait contre son supérieur en grade ou commandement, sera puni de mort, si ce supérieur est officier ou sous-officier, et de cinq à dix ans de boulet, s'il est caporal ou brigadier.

Si les voies de fait, envers un officier ou un sous-officier, n'ont pas eu lieu pendant le service ou à l'occasion du service, elles seront punies de cinq à dix ans de boulet, et celles exercées envers un caporal ou brigadier, de deux à huit ans de travaux publics.

Les voies de fait, exercées avec préméditation et de guet-à-pens, contre des supérieurs, quels qu'ils soient, seront punies de la peine de mort.

— ART. 48. Tout sous-officicier ou soldat qui, pendant le service, ou à l'occasion du service, se rendra coupable d'insultes ou menaces, par propos ou gestes, contre son supérieur en grade ou en commandement, sera puni de trois à cinq ans de boulet, si ce supérieur est officier ou sous-officier, et de deux à cinq ans de travaux publics, s'il est caporal ou brigadier.

Si les insultes ou menaces, envers un officier ou sous-officier, n'ont pas eu lieu pendant le service ou à l'occasion du service, elles seront punies de deux à cinq ans de travaux publics, et celles envers un caporal ou brigadier, de six mois à deux ans de prison.

— ART. 49. Tout officier qui, pendant le service ou à l'occasion du service, exercerait des voies de fait contre son supérieur en grade ou commandement, sera puni de mort.

Si les voies de fait, envers le supérieur en grade ou commandement, n'ont pas été exercées pendant le service ou à l'occasion du service, elles seront punies de la détention dans une forteresse, pendant cinq ans au moins et dix ans au plus.

Les voies de fait exercées avec préméditation et de guet-à-pens contre des supérieurs, quels qu'ils soient, seront punies de mort.

— ART. 50. Tout officier qui se rendra coupable d'insultes ou menaces, par propos ou gestes, contre son supérieur en grade ou commandement, sera puni, si c'est pendant le service ou à l'occasion du service, de la peine de trois à cinq ans de détention dans une forteresse.

Si les insultes ou menaces n'ont pas eu lieu pendant le service ou à l'occasion du service, elles seront punies de la destitution.

— ART. 51. Tout concert de mesures contraires aux lois et réglemens, pratiqué, soit par la réunion de militaires ou de corps militaires, soit par députation ou correspondance entr'eux, sera puni de deux mois à deux ans d'emprisonnement.

Si, par l'un des moyens exprimés ci-dessus, il a été concerté des mesures contre l'exécution des lois et réglemens, ou contre les ordres du gouvernement, la peine sera celle de la destitution, pour les officiers, et celle des travaux publics, pour les sous-officiers et soldats.

Les auteurs ou provocateurs de ce concert seront punis de la dégradation militaire, s'ils sont officiers, et du boulet, s'ils sont sous-officiers ou soldats.

CHAPITRE IV.

De la Désertion.

SECTION 1re — *Désertion à l'Ennemi , ou en présence de l'Ennemi.*

— ART. 52. Tout militaire déclaré coupable de désertion à l'ennemi sera puni de la peine de mort, précédée de la dégradation militaire.

SECTION 2e. — *Désertion à l'Etranger.*

ART. 53. Tout militaire qui aura franchi les limites qui séparent le territoire français d'un pays neutre ou allié, ou qui, étant, avec son corps, hors de France, passera en pays neutre ou allié, sera déclaré déserteur à l'étranger, trois jours après son absence constatée.

— ART. 54. Tout officier qui sera déclaré coupable de désertion à l'étranger, sera puni de la dégradation militaire, si c'est en temps de guerre, et de trois à six ans de détention dans une forteresse, si c'est en temps de paix.

— ART. 55. Tout sous-officier ou soldat qui sera déclaré coupable de désertion à l'étranger, sera puni de six à dix ans de boulet, si la désertion a eu lieu en temps de guerre, et de trois à six ans de la même peine, si le désertion a eu lieu en temps de paix.

Le minimum de la peine sera élevé d'un an dans les deux cas ci-dessus, pour chacune des circonstances suivantes :

Si le sous-officier ou soldat a emporté une de ses armes blanches, ou ses armes blanches, ou sa capote, ou son manteau, ou son habit d'uniforme ;

S'il a déserté, étant de service, sauf les cas prévus par le premier paragraphe de l'article 34.

Le maximum de la peine sera toujours appliqué,

1° Si le sous-officier ou soldat a déserté en présence de l'ennemi ;

2° Si le soldat a déserté, étant de faction ou en védette, sauf les cas prévus par le premier paragraphe de l'article 31 ;

3° Si le sous-officier ou soldat a emporté, en désertant, son arme ou ses armes à feu, ou s'il a emmené son cheval.

Section 3. — Désertion à l'Intérieur.

— Art. 56. Tout militaire qui s'absentera de son corps, sans autorisation, sera déclaré déserteur à l'intérieur, six jours après celui de l'absence constatée, lorsque rien n'établira qu'il a passé à l'ennemi ou à l'étranger.

— Art. 57. Seront pareillement déclarés déserteurs à l'intérieur,

1° Tout sous-officier ou soldat, voyageant isolément d'un corps à un autre, ou dont le congé ou la permission sera expiré, qui, le seizième jour après celui fixé pour son retour ou son arrivée au corps, ne s'y sera pas présenté ;

2° Tout engagé volontaire, jeune soldat ou remplaçant, qui ne se sera pas rendu à sa destination

dans le déla   trente jours après celui qui lui aura
été fixé.

— Art. 58. (nouveau) Tout officier qui , sans
autorisation , aura été absent pendant six jours de son
corps ou de sa résidence, ou qui ne s'y sera pas présenté, quinze jours après l'expiration de son congé ou
de sa permission , sera puni de la destitution , lorsque
rien n'établira qu'il a passé à l'ennemi ou à l'étranger.

— Art. 59. En temps de guerre , les délais fixés
par les articles précédens seront réduits de moitié.

— Art. 60. Tout sous-officier ou soldat qui sera
déclaré coupable de désertion à l'intérieur, sera puni ,
en temps de guerre , de cinq à huit ans de travaux
publics , et en temps de paix de deux à cinq ans de
la même peine.

Le minimum de la peine sera élevé d'un an dans
les deux cas ci-dessus, pour chacune des circonstances
suivantes :

1° Si le sous-officier ou soldat a emporté ou son
arme , ou ses armes blanches, ou sa capote , ou son
manteau , ou son habit d'uniforme ;

2° S'il a déserté, étant de service, sauf les cas prévus
par le premier paragraphe de l'article 34.

Le maximum de la peine sera toujours appliqué ,

1° Si le sous-officier ou soldat a déserté en présence de l'ennemi ;

2° Si le soldat a déserté étant de faction ou en védette, sauf le cas prévu par l'article 31 ;

3° Si le sous-officier ou soldat a emporté son arme ,
ou ses armes à feu, ou s'il a emmené son cheval.

SECTION 4. — *Dispositions communes aux 2 Sections précédentes.*

— ART. 61. Toute désertion effectuée de concert par plus de deux militaires, sera réputée complot.

La désertion avec complot, effectuée en présence de l'ennemi, sera punie de mort, et, dans tout autre cas, du maximum de la peine portée par les articles contenus dans les sections précédentes, suivant la nature et les circonstances du délit.

— ART. 62. Tout militaire qui aura provoqué, conseillé ou favorisé la désertion, sera puni de la peine que le déserteur aurait encourue.

— ART. 63. Tout militaire qui, ayant emporté des effets ou des armes, ou emmené le cheval à lui fourni par l'État pour son service, ne les représentera pas, sera, dans le cas où il serait acquitté du fait de désertion, condamné à l'une des peines portées aux art. 86, 87 et 88 de la présente loi, suivant le délit dont il se sera rendu coupable.

Tout militaire qui aura emporté tout ou partie de l'argent de l'ordinaire ou de la solde, ou bien de l'argent, des effets, des armes, ou emmené un cheval ou des chevaux appartenant à un militaire ou à l'État, qui ne lui étaient pas confiés pour son service, sera condamné à l'une des peines portées à l'art. 90 de la présente loi, suivant les circonstances prévues par ledit article.

Si le militaire, mis en jugement, a été déclaré coupable de désertion, les peines spécifiées à l'art. 90 ne pourront jamais être réduites en celles de l'emprisonnement.

— Art. 64. Dans les divisions territoriales en état de paix, les dispositions relatives à la désertion ne seront applicables à la gendarmerie, aux compagnies sédentaires, aux compagnies de gardes-côtes, et aux sapeurs-pompiers de la ville de Paris, que dans l'une des circonstances suivantes :

1° Si l'homme appartenant à la gendarmerie, à une compagnie de gardes-côtes, ou aux sapeurs-pompiers, n'a pas encore accompli le temps de service militaire, auquel il était tenu, soit comme engagé volontaire, ou réengagé, soit comme jeune soldat ou remplaçant ;

2° S'il a déserté avec des armes, de l'argent, ou des effets appartenant à l'État ou à d'autres militaires.

3° S'il a déserté étant de service.

CHAPITRE V.

Des Abus d'autorité.

— Art. 65. Tout militaire qui, sans ordre ou motif légitime, aura pris ou retenu un commandement, sera puni de mort.

— Art. 66. Tout chef militaire qui, sans mission, ou autorisation ou nécessité, aura ordonné un mouvement de troupes, sera puni de la destitution, sans préjudice des peines plus graves s'il y a trahison ou révolte.

— ART. 67. Tout officier qui, hors les cas de défense de soi-même ou d'autrui, de ralliement des fuyards, ou de nécessité d'arrêter le pillage ou la dévastation, frappera son inférieur, sera puni de la destitution.

Si les voies de fait ont été exercées par un sous-officier, ou par un caporal ou brigadier, la peine sera de trois à cinq ans de travaux publics.

— ART. 68 (nouveau). Tout militaire qui, hors les cas prévus par l'art. précédent, frappera un prisonnier de guerre, sera puni de six mois à quatre ans d'emprisonnement.

— ART. 69. Tout chef militaire qui, arbitrairement ou de son autorité privée, infligera des peines qui ne peuvent être prononcées que par les tribunaux, sera puni, savoir :

De la peine de mort si la peine a été capitale ;

De la dégradation militaire, si la peine a été une de celles prononcées pour crime ;

De la destitution, si la peine a été une de celles prononcées pour délit.

CHAPITRE VI.

Du Faux en matière de service ou d'administration militaire.

— ART. 70. Tout militaire qui aura, sciemment, porté sur des rôles, états de situation ou de revue, un nombre d'hommes, de chevaux, ou de journées de présence au-delà de l'effectif réel, ou qui aura exagéré le montant des consommations, ou fait un faux exposé dans ses comptes, sera puni de la peine de la réclusion.

En cas de circonstances atténuantes, la peine pourra être réduite à un emprisonnement d'un à cinq ans.

Le coupable sera puni de la peine des travaux forcés à temps s'il est administrateur ou comptable militaire.

— ART. 71. Tout militaire qui sera convaincu d'avoir fait usage, dans son service, de faux poids ou de fausses mesures, au détriment de l'État ou des militaires, sera puni de trois à cinq ans d'emprisonnement.

La peine sera celle des travaux forcés à temps, dans les cas où la fraude aura été de nature à nuire à la santé des militaires.

— ART. 72. Tout militaire qui aura contrefait les sceaux, timbres, ou marques militaires destinés à être apposés, soit sur les actes ou pièces authentiques relatifs au service militaire, soit sur des effets ou objets quelconques appartenant à l'armée, sera puni de la réclusion.

— ART. 73. Tout militaire qui, s'étant procuré les vrais sceaux, timbres et marques ayant l'une des destinations indiquées dans l'article précédent, en aura fait une application frauduleuse et un usage préjudiciable aux droits et aux intérêts de l'État ou des militaires, sera puni de la dégradation militaire.

CHAPITRE VII.

De l'Usurpation d'insignes et de décorations.

— Art. 74. Tout militaire qui aura publiquement porté des insignes ou décorations qu'il n'avait pas le droit de porter, sera puni d'un emprisonnement de six mois à deux ans.

CHAPITRE VIII.

De la Corruption, de la Prévarication et de l'Infidélité dans le service militaire.

— Art. 75. Tout militaire, exerçant en qualité d'ordonnateur, qui serait convaincu d'avoir trafiqué de ses ordonnances et mandats, arrêté des dépenses, vérifications ou réglemens de compte, sera puni des travaux forcés à temps.

Le maximum de la peine sera toujours appliqué aux fraudes de cette nature lorsqu'elles auront porté préjudice aux troupes.

— Art. 76. Tout militaire qui se sera rendu coupable de l'un des crimes ou délits prévus par les art. 43o, 43i, 43a, et par le 1er paragraphe de l'art. 433 du code pénal ordinaire, sera puni des peines portées auxdits articles. (*a*)

(*a*) Il s'agit dans ces articles de la cessation du service des fournitures, provenant du fait ou de la négligence des fournisseurs.

— ART. 77. Tout militaire convaincu d'avoir exercé des retenues, fait des prélèvemens, ou exigé des remises à son profit sur les fonds de la solde ou des masses militaires, sera puni de la réclusion.

En cas de circonstances atténuantes, la peine pourra être réduite à un emprisonnement de deux à cinq ans.

— ART. 78. Sera puni de la même peine tout militaire convaincu d'avoir trafiqué, à son profit, des fonds appartenant à l'état ou à des masses militaires, soit en les prêtant, soit de tout autre manière.

— ART. 79. Tout militaire convaincu d'avoir, sans autorisation et en vue d'un bénéfice, substitué aux monnaies ou valeurs qu'il aurait reçues, des monnaies ou valeurs différentes, sera puni de six mois à trois ans d'emprisonnement.

— ART. 80. Tout militaire qui se sera rendu coupable de l'un des crimes prévus par les art. 177, 178, par le premier paragraphe de l'art. 179 et par l'art. 183 du code pénal ordinaire, sera puni de la dégradation militaire.

Toutefois, si les tentatives de contrainte ou de corruption n'ont eu aucun effet, les militaires auteurs de ces tentatives seront simplement punis d'un emprisonnement de deux mois à un an.

— ART. 81. Tout militaire qui se sera rendu coupable des délits prévus par l'art. 175 du code pénal ordinaire, sera puni de la destitution et, en outre, d'un emprisonnement dont la durée sera de six mois au moins et de deux ans au plus. (a)

(a) Cet article 175 punit le fonctionnaire qui s'ingère dans des affaires de commerce incompatibles avec sa qualité.

— Art. 82. Tout militaire convaincu de spéculations illicites, en achetant en son nom, ou sous celui d'un tiers, des titres de créances qu'il était chargé de faire payer, sera puni de la dégradation militaire.

— Art. 83. Tout militaire convaincu d'avoir, soit par des mélanges prohibés, soit par des substitutions frauduleuses, altéré ou fait altérer la quotité ou la nature des matières ou denrées confiées à sa garde ou placées sous sa surveillance, ou d'avoir sciemment distribué ou fait distribuer lesdites matières ou denrées, sera puni de deux à cinq ans d'emprisonnement.

La peine sera celle de cinq à dix ans de travaux forcés, lorsque le mélange ou la substitution aura été de nature à nuire à la santé des militaires ou à celle des animaux employés au service de l'armée, ou si le coupable a, sciemment, distribué des viandes provenant d'animaux attaqués de maladies contagieuses ou des matières et denrées corrompues ou gâtées. (a)

— Art. 84. Tout militaire qui aurait ordonné de percevoir ou qui aurait perçu des denrées sans y être autorisé, ou sans nécessité pour le besoin des troupes, ou qui, en les détournant de leur destination, en aurait privé la troupe, sera puni de la réclusion.

S'il y a des circonstances atténuantes, la peine pourra être réduite à celle d'un an à cinq ans d'emprisonnement.

(a) La commission, en revoyant cet article, a été frappée de la généralité des termes du dernier paragraphe et a modifié l'article, dont nous n'avons pas le texte amendé, de manière à ne porter que la peine de deux à cinq ans d'emprisonnement, lorsque les viandes et denrées n'auront nui ni à la santé des militaires, ni à celle des animaux employés au service de l'armée.

— Art. 85. Tout officier de santé militaire, convaincu d'avoir, dans les rapports qu'il aura faits, ou
dans les certificats de visite qu'il aura délivrés aux
militaires ou aux jeunes gens appelés au service militaire, attesté faussement l'existence de maladies ou
d'infirmités, ou aggravé les dangers de maladies ou
infirmités existantes, sera, s'il a agi par suite de dons
ou promesses, puni de la réclusion.

La même peine sera appliquée à tout officier de santé
militaire, qui, dans le but de faire admettre au service un homme incapable, aura dissimulé ou atténué,
dans ses rapports et certificats, des maladies ou infirmités réelles.

La peine sera celle de la destitution, si le coupable
n'a pas agi par dons ou promesses.

CHAPITRE IX.

*De la Vente, de la Distraction et de la Mise en
gage des Effets militaires.*

— Art. 86. Tout militaire qui vendra, soit son
cheval, soit tout ou partie de ses effets d'armement,
d'équipement ou d'habillement, sera puni de deux
à cinq ans de travaux publics.

Sera puni de la même peine tout militaire qui
aura acheté ou recélé, sciemment, lesdits objets.

— Art. 87. Les militaires mis en jugement pour
s'être absentés de leurs corps, qui auraient été acquittés du fait de désertion, mais qui, ayant emmené le
cheval, ou emporté tout ou partie des armes ou effets

à eux confiés pour le service, ne les représenteraient pas, seront punis de six mois à un an d'emprisonnement.

— Art. 88. Tout militaire qni mettra en gage, ou tout ou en partie, ses effets d'armement, d'équipement ou d'habillement, sera puni de deux mois à un an de prison.

Sera puni de la même peine tout militaire qui aura reçu en gage les mêmes effets.

— Art. 89. Tout militaire qui vendra, en tout ou en partie, ses effets de petit équipement, sera puni de deux mois à un an d'emprisonnement.

Tout militaire qui mettra en gage les mêmes effets, sera puni de deux à six mois d'emprisonnement.

Sera puni des mêmes peines tout militaire qui, sciemment, achetera ou recevra en gage lesdits effets.

Titre trois.

CRIMES ET DÉLITS COMMIS DE MILITAIRE A MILITAIRE, OU ENVERS L'ÉTAT

—

CHAPITRE I.

Du Vol, de l'Escroquerie et de l'Abus de confiance, commis dans les casernes ou dans les autres établissemens militaires, ou en route, ou dans les camps, bivouacs et cantonnemens.

—Art. 90. Le vol des armes, celui des munitions appartenant à l'État, le vol de l'argent de l'ordinaire, celui de la solde, des deniers ou effets quelconques appartenant, soit à l'État, soit à des militaires, commis par des militaires qui en sont comptables, dans les casernes ou dans les autres établissemens militaires, ou en route, ou dans les camps, bivouacs ou cantonnemens, sera puni des travaux forcés à temps ; en cas de circonstances atténuantes, la peine pourra être réduite, soit à la réclusion, soit à un emprisonnement de trois à cinq ans ; dans ce dernier cas, si le coupable est officier, il sera en outre condamné à la destitution.

Si le vol a été commis par des militaires non comptables des deniers ou effets, la peine sera celle de la réclusion ; en cas de circonstances atténuantes, elle pourra être réduite à un emprisonnement d'un à cinq ans, et, dans ce dernier cas, si le coupable est officier, il sera en outre condamné à la destitution.

Les dispositions de la section première, chapitre deux, titre deux du livre trois du code pénal ordinaire (a), seront appliquées aux vols prévus par les deux paragraphes précédens, toutes les fois qu'en raison des circonstances, les peines portées audit code seront plus fortes que celles qui sont prescrites par le présent article.

— ART. 91. Tout militaire qui se rendra coupable, envers un autre militaire, et dans un des lieux énumérés en l'art. précédent, des délits prévus par les art. 405, 406 et 408 (b) du code pénal ordinaire, sera puni des peines portées auxdits articles, et, en outre, s'il est officier, de la destitution.

(a) Cette section définit les vols et les différentes circonstances aggravantes qui peuvent les accompagner.

(b) Escroqueries et abus de confiance.

CHAPITRE II.

*De la Destruction et de la Dégradation d'édifices,
ouvrages, ou objets militaires.*

— Art. 92. Tout militaire qui aura, volontairement et à dessein de nuire, mis le feu à des édifices ou ouvrages militaires, des magasins ou autres propriétés à l'usage de l'armée, ou à des matières combustibles placées de manière à communiquer le feu à ces édifices, ouvrages, magasins ou autres propriétés, sera puni de la peine de mort, précédée de la dégradation militaire.

La même peine sera appliquée à tout militaire qui aura, volontairement et à dessein de nuire, détruit, par l'effet d'une mine, des édifices ou ouvrages militaires, des magasins ou autres propriétés, à l'usage de l'armée.

— Art. 93. Tout militaire qui aura, volontairement et à dessein de nuire, détruit ou dévasté, par tout autre moyen que ceux énoncés en l'article précédent, des édifices ou ouvrages militaires, des magasins ou autres propriétés, à l'usage de l'armée, sera puni de la réclusion.

— Art. 94. Tout militaire qui aura, volontairement et à dessein de nuire, brûlé ou détruit, d'une manière quelconque, des registres, minutes ou actes originaux de l'autorité militaire, sera puni de la peine de la réclusion.

[243]

— A**rt.** 95. Tout militaire qui, volontairement et
à dessein de nuire, détruira des munitions ou approvisionnemens, détruira ou brisera des armes, des
caissons ou voitures, des effets de campement, de
casernement, d'équipement ou d'habillement appartenant à l'État, ou estropiera ou tuera le cheval ou les
chevaux, les bêtes de trait ou de somme employés au
service de l'armée, sera puni de deux à cinq ans de
travaux publics.

En cas de circonstances atténuantes, la peine pourra
être réduite à un emprisonnement de deux mois à
deux ans.

CHAPITRE III.

*Des Violences commises entre militaires présens
sous les drapeaux, ou détachés pour un service
militaire.*

— A**rt.** 96. Tout militaire qui se rendra coupable,
envers un autre militaire, de l'un des crimes prévus
par les art. 295, 296, 297, 298, 301 et 303 du code
pénal ordinaire (*a*), sera puni des peines portées aux
art. 302 et 304 dudit code (*b*), suivant le crime qu'il
aura commis.

A**rt.** 96 (*bis.*) Tout militaire qui se rendra coupable, envers un autre militaire, de l'un des crimes ou

---

(*a*) Meurtre, assassinat, empoisonnement, tortures.

(*b*) Peine de mort pour l'assassinat et des travaux forcés à perpétuité
pour le meurtre, à moins qu'il n'ait été accompagné, suivi ou précédé
d'un crime, ou qu'il n'ait eu pour objet de faciliter un délit, auxquels
cas le meurtre est également puni de mort.

délits prévus par les art. 3o9, 3io , 3ii , 3ig et 32o
du même code (*a*), sera puni des peines portées auxdits articles , suivant le crime ou délit qu'il aura
commis.

Les dispositions des art. 32i , 322, 326, 327, 328
et 32g du code pénal (*b*), sont applicables aux crimes
et délits prévus par le présent article.

CHAPITRE IV.

*Du Faux Témoignage et de la Subornation des
témoins , commis par des militaires , devant les
tribunaux militaires.*

— Art 97. Tout militaire qui, appelé en témoignage, devant les tribunaux militaires, sera convaincu
de faux témoignage, sera condamné aux peines portées aux art. 36i et 362 du code pénal ordinaire , suivant les circonstances qui y sont énoncées.

— Art. 98. Tout militaire qui se rendra coupable
de subornation de témoins , prévue par l'art. 365 du
code pénal ordinaire , envers d'autres militaires , sera
condamné aux peines portées audit article , lorsque
les militaires envers lesquels la subornation aura été
pratiquée , auront été convaincus de faux témoignage
devant un tribunal militaire.

(*a*) Blessures et coups volontaires non qualifiés meurtre , homicide ,
blessures et coups involontaires.

(*b*) Crimes et délits excusables , homicide , blessures et coups non
qualifiés crimes ou délits.

Titre quatre.

Des actes de violence commis, sous les armes, dans l'exécution d'un ordre ou d'une consigne.

—

— Art. 99. Tout militaire, sous les armes, qui, dans l'exécution d'un ordre ou d'une consigne, commettra, sans ordre ou nécessité pour cette exécution, des actes de violence, contre des individus non militaires, sera puni du maximum de la peine déterminée par le code pénal ordinaire, pour le crime ou délit qu'il aura commis.

— Art. 100. Tout chef militaire, préposé à un service public, qui fera usage de ses armes, ou ordonnera à sa troupe de faire usage de ses armes, contre les habitans, hors les cas prévus par l'art. 25 de la loi du 3 août 1791, ou sans avoir été requis par un officier de police judiciaire, et sans l'accomplissement des formalités prescrites par les art. 26 et 27 de la même loi, sera puni de mort.

S'il existe des circonstances atténuantes, la peine pourra être réduite à celle de la détention dans une forteresse.

— Art. 101. Seront laissées à la répression de l'autorité militaire, et punies d'un emprisonnement dont la durée ne pourra excéder deux mois,

1° Les contraventions prévues par le livre quatre du code pénal ordinaire et par les réglemens de police ;

2° L'enlèvement de toute espèce de comestibles ou de denrées destinés à la nourriture des hommes ou des animaux, lorsque cet enlèvement aura été commis par un militaire en route, ou faisant partie d'une troupe en marche, et lorsqu'il n'aura été d'ailleurs accompagné ni de violences ni de menaces de faire usage d'armes, ni d'escalade, ni d'effraction, ni de fausses clefs, et qu'il n'aura pas été effectué avec le concours de deux ou plusieurs personnes, ou pendant la nuit.

— Art. 102. S'il y a une partie plaignante, les dommages seront réglés, sans frais, par le juge de paix ou son suppléant, ou à leur défaut, par le maire ou son adjoint, après avoir entendu le militaire inculpé.

Si la somme à payer à la partie lésée n'excède pas cinquante francs, la décision sera définitive.

DEUXIÈME PARTIE.

DISPOSITIONS APPLICABLES SEULEMENT AUX ARMÉES, ET
DANS LES DIVISIONS TERRITORIALES EN ÉTAT DE GUERRE.

Titre premier.

— Art. 103. Tout individu, justiciable des tribunaux militaires, qui se rendra coupable d'un des crimes prévus au chapitre premier du titre deux de la première partie de la présente loi, sera puni de la peine, y prononcée, pour ce crime ou délit.

— Art. 104. Dans tous les cas où des individus, non militaires et non assimilés aux militaires, sont soumis à la juridiction militaire, s'ils sont déclarés coupables d'un crime ou délit, non prévu par les lois pénales ordinaires, ils subiront les peines portées par la présente loi.

Toutefois, les peines militaires seront remplacées ainsi qu'il suit :

1° Les travaux publics et la destitution, par un emprisonnement d'un à cinq ans ;

2° Le boulet, par un emprisonnement de trois à dix ans ; le condamné sera, en outre, déclaré incapable de servir dans les armées;

3° La dégradation militaire, lorsqu'elle sera prononcée comme peine principale, par cinq années de réclusion.

Titre deux.

Du Vol et des Violences envers les personnes.

—

— ART. 105. Tout militaire, ou tout autre individu attaché à l'armée ou à sa suite, qui aura dépouillé un blessé, sera puni des travaux forcés à temps.

— ART. 106. Tout militaire ou tout autre individu attaché à l'armée ou à sa suite, qui, en dépouillant un blessé, sera convaincu de l'avoir mutilé, sera puni de mort.

Titre trois.

—

— ART. 107. Tout pillage de denrées, marchandises ou effets quelconques, sera puni de la réclusion.

Si le pillage a été effectué, soit en bande, soit en brisant les portes et clôtures extérieures, soit avec violences envers les personnes, les coupables seront punis de mort.

Dans les cas prévus au paragraphe précédent, s'il existe parmi les coupables un ou plusieurs instigateurs ou chefs de la révolte, ou un ou plusieurs militaires pourvus de grades, la peine de mort ne sera infligée qu'aux instigateurs ou chefs de la révolte, et au militaire le plus élevé en grade.

Les autres coupables seront passibles de la peine des travaux forcés à temps.

Titre quatre.

DISPOSITIONS GÉNÉRALES.

—

— ART. 108. Pour tous les crimes ou délits non prévus par le présent code, les tribunaux d'armées ou des divisions territoriales, en état de guerre, appliqueront les peines portées par les lois pénales ordinaires.

— ART. 109. Toute infraction aux réglemens de général en chef, agissant sur le territoire ennemi, sera punie d'un emprisonnement qui ne pourra excéder deux ans.

— ART. 110. A compter du jour de la promulgation de la présente loi, toutes les lois pénales militaires sont et demeureront abrogées.

[250]

(Nota). Nous n'avons pas besoin de faire remarquer
que, dans le projet de code pénal précité, les délits
militaires seuls sont prévus. Le système d'organisation de justice militaire, d'où nous avons extrait ce
code, restituait aux tribunaux ordinaires la connaissance des délits communs, et bornait aux délits
purement militaires, la compétence des conseils de
guerre.

APPENDICE. (a)

. . . .
. . . .

(II)

Les enfans de troupe sont-ils justiciables des conseils de guerre ?

Le premier conseil de guerre de la 16me division
a résolu négativement cette question , le 18 novembre 1834 , dans l'affaire du nommé Meynadier , âgé
de 17 ans , enfant de troupe , soldat au 35e de ligne ,
qui était prévenu d'avoir dévasté , à main armée , une
maison habitée , de complicité avec le nommé Lau-
radour , tambour au même régiment , et a renvoyé
les prévenus devant le tribunal de Péronne.

Cette question , selon nous , ne pouvait être un
instant douteuse.

Nul n'est soldat de naissance , il faut , pour acquérir
cette qualité , être appelé par le sort à l'âge fixé par la
loi, ou devancer volontairement l'appel, en contractant

(*a*) Ayant eu , depuis l'impression de notre ouvrage , l'occasion
de recueillir divers documens sur la matière que nous avons traitée ,
nous les rappelons sous ce titre , en les rattachant aux numéros des
chapitres auxquels ils appartiennent.

ùn engagement. Or, l'enfant de troupe ne se trouve ni dans l'une ni dans l'aùtre de ces conditions.

Une circulaire ministérielle, en date du 24 juillet 1818, d'accord en cela avec l'art. 32 de la loi de recrutement du 21 mars 1832, fixe à 18 ans l'âge où les enfans de troupe devront contracter leur engagement. Cette circulaire reconnaît donc implicitement que, jusque là, ils ne sont pas soldats. Une autre circulaire, du 21 février 1830, vient encore corroborer cette opinion, en mettant à la charge de la masse d'entretien, l'habillement de ces enfans.

. . . .

En traitant, page 22, la question des dommages-intérêts, réclamés par une partie civile, devant un conseil de guerre, nous avons émis cette opinion qu'en général les tribunaux militaires ne saisissaient que les personnes et non les biens ; cette opinion était aussi celle de la chambre des pairs qui vota l'art. 12 du projet sur le code militaire, par lequel, la peine de l'amende, portée par différens articles du code pénal ordinaire, doit être remplacée par l'emprisonnement, lorsque ces articles sont appliqués à des soldats, par les conseils de guerre.

« L'insolvabilité du condamné, disait à cet égard le rapporteur de la commisssion, n'est pas le seul motif qui a décidé le gouvernement à proposer la disposition de l'art. 12. Il en est un plus grave encore, et qui se rattache à la qualité exceptionnelle des tribunaux militaires. Ils sont institués et ils ont toujours

[**253**]

été institués pour prononcer sur les actions publiques,
en tant qu'elles concernent les personnes soumises à
leur juridiction. Les peines prononcées par ces tribunaux doivent nécessairement tenir de la nature des
infractions qu'elles répriment, et de celle de leur
institution. »

« Toute peine qui n'atteindrait que la fortune des
coupables ne saurait être appliquée par un tribunal
qui ne saisit que les personnes. »

. . . .
. . . .

(IV)

Nous avons rapporté, page 179, l'arrêt de cassation
qui a décidé, en faveur des capitaines-rapporteurs, la
question soulevée par la circulaire ministérielle du 28
mai 1834.

Les discussions qui ont eu lieu, à propos de cette
question, sur les fonctions respectives des deux organes
du ministère public, n'ont point, à ce qu'il parait,
entièrement dissipé les difficultés dont leur exercice
est environné, car, parmi les capitaines-rapporteurs à
qui l'arrêt de cassation a rendu la parole, les uns se
renferment à l'audience dans l'examen des faits, et
ne concluent qu'à la déclaration de culpabilité, et les
autres requièrent, en outre, l'application de telle ou
telle peine.

Il nous semble que ces derniers vont trop loin, et
qu'ils empiètent, à leur tour, sur les fonctions des
commissaires du roi.

Le capitaine-rapporteur, à l'audience, ne doit s'occuper que du fait, et ses efforts doivent tendre à démontrer aux juges, qui alors sont jurés, la culpabilité du prévenu, touchant le fait qui lui est reproché.

Le soin de requérir la peine appartient au commissaire du roi, lorsque, dans la chambre des délibérations, les juges ont prononcé sur la question de fait qui leur a été soumise.

Interpréter autrement le droit de conclure, laissé aux capitaines-rapporteurs, ce serait établir une nouvelle confusion entre deux espèces de fonctions que la loi s'est attachée à séparer, ce serait exposer les juges à l'embarras d'avoir à choisir entre des conclusions qui peuvent être différentes.

Mais telle est l'imperfection des lois militaires que l'on n'évite un inconvenient que pour en rencontrer un autre.

Si la loi permettait au capitaine-rapporteur de requérir la peine, le défenseur pourrait combattre ses conclusions, et détourner l'application de la loi invoquée, faculté qui lui est interdite, dans l'état actuel de la législation, puis qu'il n'est pas admis dans la chambre des délibérations.

. . . .
. . . .

(VI)

Nous avons regardé, page 108, comme une disposition nouvelle, celle par laquelle le projet du code pénal punissait le fait d'un militaire qui, commandé pour l'exécution d'une condamnation capitale, aurait par son refus d'obéir ou de toute autre manière, mis obstacle à cette exécution.

L'art. 18, du titre 8, de la loi du 21 brumaire an 5, prévoit ce cas, en disposant que « toute force armée qui se sera opposée par quelque moyen que ce soit, à la traduction, poursuite et jugement, ou *exécution* d'un coupable de délit militaire, sera réputée en révolte et punie comme telle. »

. . . .

Nous avons cité, page 115, un arrêt rendu par la cour de cassation, d'après lequel, les dispositions du code pénal ordinaire, relatives à la récidive, étaient déclarées applicables au condamné qui, étant soldat, avait déjà subi une condamnation pour un crime militaire. La cour de cassation, par un arrêt en date du 23 janvier 1835, vient de décider que les dispositions du code pénal, concernant la récidive, ne pouvaient être appliquées par les conseils de guerre.

Un nommé St-Denis avait été condamné à deux ans de fers, pour vol. Traduit pour une nouvelle soustraction, devant le premier conseil de guerre de Lorient, ce conseil porta contre lui, par application de l'art. 58 du code pénal, la peine de quatre ans de détention.

M. le procureur général s'étant pourvu en cassation, dans l'intérêt de la loi, la cour cassa le jugement par arrêt rendu sur ces considérans :

« Qu'il n'existait , dans les lois pénales militaires ; aucune disposition spéciale relative à la récidive ; »

« Que l'art. 58 du code pénal n'était pas applicable. »

Qu'ainsi, il avait été fait une fausse application de cet article, etc. , etc.

. . . .
. . . .

(X)

Voici les jugemens des conseils de guerre et de révision , concernant les nommés Perrou et Bernier :

« 1° Le nommé Perrou , prévenu de désobéissance combinée , est il coupable ?

2° Est-il l'un des principaux moteurs de cette désobéissance combinée ?

3° Est-il convaincu de s'être rendu coupable de refus formel d'obéissance aux ordres de ses supérieurs , relatifs au service ?

4° *Est-il convaincu de s'être rendu coupable* D'UN DÉLIT *non prévu par les lois ?*

« Les voix recueillies , en commençant par le grade inférieur et par le moins ancien dans chaque grade , le président ayant émis son opinion le dernier, le conseil , après avoir résolu séparément les quatre questions ci-dessus , déclare 1° à l'unanimité sur les trois premières , que le nommé Perrou n'est pas coupable. 2° A l'unanimité sur la quatrième question , que le nommé Perrou s'est rendu coupable d'un délit non prévu par les lois. »

(Mêmes questions et mêmes réponses à l'égard de Bernier.)

« Sur quoi, le commissaire du roi a fait son réquisitoire pour l'application de la peine. »

« Les voix recueillies de nouveau dans la forme indiquée ci-dessus, les portes du conseil ayant été rouvertes, le rapporteur et le greffier ont repris leur place. »

« Le premier conseil permanent, faisant droit sur ledit réquisitoire, condamne, à l'unanimité, les nommés Perrou et Bernier, chasseurs-musiciens au 20ᵉ régiment d'infanterie légère, à la peine de cinq ans de réclusion et à la dégradation, conformément aux articles 8 et 10 du décret du premier mai 1812, et 21 du code pénal du 28 avril 1832, ainsi conçus, etc. »

On remarquera que le conseil ne s'est pas même donné la peine de définir le fait qui, selon lui, constituait le délit non prévu par la loi ; les prévenus ayant été déclarés non coupables sur les trois chefs contenus dans la plainte, on cherche vainement quel est ce délit, non prévu, qui a pu leur attirer une peine si forte.

Le conseil de révision, ayant été appelé, le 29 septembre suivant, à prononcer sur le jugement, trouva qu'il renfermait, en la forme, assez de nullités pour n'avoir pas à s'en occuper, quant à la question principale de la légalité du décret de 1812, question qu'a-

vaient cependant soulevée nos conclusions formelles,
et il l'annula par les motifs ci-après :

« Que le jugement porte que la loi du 12 *mai* 1812
(qui n'existe pas) a été déposée sur le bureau, au lieu
de celle du 1er *mai* 1812, (violation de l'art. 25 de la loi
du 13 brumaire an 5 qui veut que la loi soit déposée
sur le bureau.) »

« Et d'un autre côté, que le conseil a outrepassé sa
compétence, n'ayant pas spécifié la nature du délit
pour lequel les accusés ont été condamnés. »

FIN.

NOTA.

En émettant, dans une note de la page 81, le vœu que la cour de
cassation s'occupât, dans l'intérêt de la loi, du jugement par contumace rendu par le 2me conseil de la 16me division militaire, contre
M. Figié, officier au 1er régiment de chasseurs, nous étions loin d'es-
pérer que notre vœu serait réalisé avant l'impression de notre ouvrage ;
Nous lisons l'arrêt suivant dans la gazette des Tribunaux du 6 mars :
La cour, etc.

« Vu l'art. 1er du décret du 14 octobre 1811, et l'art. 3 de l'ordonnance du roi du 21 février 1816, portant :

Art. 1er du décret : « *Il ne sera plus rendu de jugement de contumace pour le délit de désertion.* »

Art. 3 de l'ordonnance : « *L'art. 1er du décret du 14 octobre, qui
défend de juger par contumace les prévenus de désertion à l'intérieur
est maintenu.* »

Vu l'art. 1er du titre 2 de la loi du 22 brumaire an 5, ainsi conçu :

*Tout militaire qui sera convaincu d'avoir déserté de l'armée, ou
d'une place de première ligne sur la frontière menacée ou exposée,
pour se retirer dans l'intérieur de la république, sera puni de cinq
ans de fers.*

Vu l'art 1er de la loi du 19 mai 1834 sur l'état des officiers.

Attendu qu'il résulte des articles ci-dessus,

1o Que le 2me conseil de guerre permanent de la 16me division militaire a violé, par le jugement dénoncé, en jugeant par contumace un militaire, pour cause de désertion, l'art. 1er du décret du 14 octobre 1811 et l'art. 3 de l'ordonnance du 21 février 1816.

2o Que ce conseil n'ayant pas constaté en fait que ce militaire aurait déserté de l'armée, ou d'une place de première ligne, sur la frontière menacée ou exposée, a fait une fausse application, par son jugement, de l'art. 1er du titre 2 de la loi du 21 brumaire an 5, et, par suite, violé ledit article.

Attendu que l'officier dont il s'agit, pouvait être poursuivi et condamné à la destitution, pour absence illégale de son corps, pendant plus de trois mois, par application du 6me numéro de l'art. 1er de la loi du 19 mai ; que cette destitution pouvait être prononcée par contumace, cette cause de condamnation ne rentrant pas dans les dispositions relatives à la désertion, prévues par le décret du 14 octobre 1811, et l'ordonnance du roi du 21 février 1816.

En conséquence, casse et annule, dans l'intérêt de la loi, le jugement dénoncé, dans sa disposition seulement par laquelle il prononce, contre l'officier Alexandre Figié, la peine de cinq ans de fers. »

Nous profitons de l'occasion que nous présente cet arrêt, pour revenir sur les questions importantes qu'il soulève.

La cour de cassation, en annulant le jugement du 2me conseil de guerre de la 16me division, pour fausse application et violation de l'article 1 du titre 2 de la loi du 21 brumaire an 5, reconnaît donc que, malgré l'*astérisque* dont il est marqué dans le *Guide des juges militaires*, cet article est encore en vigueur, et doit être appliqué à l'officier, à l'égard duquel le jugement aurait constaté, en fait, qu'il a déserté de l'armée ou d'une place de première ligne sur la frontière menacée ou exposée.

Mais l'officier qui abandonne son corps, est-il passible de la peine des fers, lorsque ce corps n'était pas à l'armée, et n'occupait pas une place de première ligne sur la frontière menacée ou exposée ? non, dit avec raison l'arrêt ; c'est la loi du 19 mai 1834 qui doit lui être appliquée. Cette loi, dans l'opinion de la cour de cassation, abroge donc, implicitement, l'article 4 de la loi du 21 brumaire an 5, qui réputait déserteur à l'intérieur et punissait de 5 ans de fers tout militaire qui, sans permission ou congé, aurait manqué aux appels pendant un intervalle de trente-six heures.

Aux termes de ce même arrêt, la prohibition de juger par contumace les délits de désertion, contenue dans le décret de 1811, et confirmée par l'ordonnance du 21 février 1816, est générale, et doit conséquemment s'étendre à tous les délits de désertion, qu'ils soient commis par les sous-officiers et soldats, et punis par l'arrêté du 19 vendémiaire an 12, qu'ils soient commis par des officiers et punis par la loi de brumaire, titre 1er et titre 2, article 1er.

Nous hésitons à nous ranger à cette opinion contraire à la jurisprudence admise jusqu'à ce jour, sans opposition, par les conseils de guerre.

Le décret de 1811 nous paraît n'avoir défendu les jugemens par contumace qu'à l'égard des conseils de guerre spéciaux que l'arrêté du 19 vendémiaire avait institués, à l'effet de réprimer plus promptement les délits de désertion des sous-officiers et soldats, délits devenus plus nombreux depuis la conscription ; et ce qui le prouverait, c'est que, comme le fait fort bien observer l'auteur du *Guide des juges militaires* (page 68, édit. de 1813), ce décret s'en réfère par son article 3 à l'arrêté du 19 vendémiaire an 12, et qu'il ne parle que des peines du boulet et des travaux publics, réservées exclusivement aux sous-officiers et soldats. Nous ajouterons que l'instruction ministérielle du 10 décembre 1811, rendue pour l'exécution du décret du 14 octobre, ne s'occupe également que des sous-officiers et soldats et ne s'adresse qu'aux conseils de guerre spéciaux. *Nul conseil de guerre spécial*, dit l'article 15 de cette instruction, *ne peut connaître du délit de désertion contre un absent.*

L'ordonnance du 21 février 1816, en investissant les conseils de guerre permanens des attributions des conseils spéciaux, quant au jugement des délits de désertion des sous-officiers et soldats, a dû leur rappeler qu'ils ne pouvaient juger ces délits par contumace, mais rien ne prouve qu'elle leur ait défendu de juger par contumace les délits de désertion qui n'étaient pas de la compétence des conseils spéciaux.

Il y aurait une autre considération à faire valoir : les jugemens nombreux par contumace, rendus contre les soldats ou sous-officiers, entraînaient le trésor dans des frais énormes, sans grand profit pour la discipline ; on conçoit que le législateur ait voulu éviter cet abus sans abandonner pour cela la faculté de faire juger, malgré leur absence, les officiers et généraux, déserteurs avec les circonstances reprises dans la loi de brumaire ; dans ces cas heureusement fort rares, à défaut de la personne des coupables, on a du moins leur nom à flétrir, par une condamnation qui apprend à l'armée quelle peine est réservée au crime qu'ils ont commis.

TABLE GÉNÉRALE

DES MATIÈRES.

  Pages

FIN DE LA TABLE.

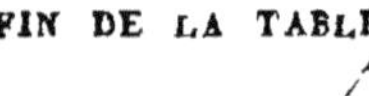

ERRATA.

PAGE 5 , ligne 20, au lieu de : *commencé*, lisez : *commencée.*

Page 11 , ligne 12, au lieu de ces mots : *en cas d'absolution*, lisez : *en cas d'acquittement ou d'absolution.*

Page 41 , ligne 8, au lieu de : *je n'oublirai*, lisez : *je n'oublierai.*

Page 60, ligne 20, au lieu de ces mots : *organisation militaire*, lisez : *organisation des tribunaux militaires.*

Page 79 , ligne 24, au lieu de : *qu'elle*, lisez : *quelle.*

Page 90 , ligne 20, après ces mots : *le sommeil*, ajoutez : *de la sentinelle.*